한국형 노사관계 : 협력적 노사관계형

협력적 노사관계의 길

- 상생의 노사협력이 기업성장의 열쇠 -

-한국형 노사관계의 가이드 북-

김 성 수 교수 지음

탑북스

머리말

- 한국형 노사관계의 가이드 북을 출간하면서 -

상생의 노사협력이 기업성장의 열쇠

"협력적 노사관계의 길"이라는 주제를 가지고 "한국적 노사관계형의 길"을 찾아보고자 저술한 이 책은 1993년 7월부터 "산업평화의 정착을 위한 노사관계론(법경사, 1993)"에서부터 시작하여, 지식경영사회의 노사관계론(삼영사, 2000), 산업평화적 신노사관계론(탑북스, 2010) 등을 거쳐 20년이라는 시간속에 결실을 맺게 되었다.

경희대학교 사회과학대학 경영학부 교수, 국제경영대학 경영학부 교수 등에서 노사관계론을 20년동안 강의하면서, 한국적 노사관계형을 정립해보고자 그렇게 노력하고, 노사분규의 현장을 찾아가, 설득과 강의, 세미나 등을 하면서 협력적 노사관계의 길을 제시하였고, 상생의 노사협력이 기업성장의 열쇠가 된다는 사실을 역설하면서, 창조경제의 기본이 됨을 제시해 왔다.

협력적 노사관계란 근로자와 사용자와의 인격존중의 원리, 대화타협의 원리, 공동체의 원리, 노동조합과 경영자 사이의 산업평화적 협력관계로 정의해 왔다.

특히 근로자와 경영자의 목표를 생산성 향상과 성과배분의 실현, 노사화합의 평화적 정착에 두는 경제성장의 길을 노사관계에서 찾아야 한다고 주장해 왔다.

우리는 22세기를 향한 대장정을 시작하고 있다. 역사는 계속되고 있다. 이제 산업평화를 갈구하는 산업평화시대의 경제가 시작되고, 산업민주주의 이론인 자본주의 최고의 정수인 산업평화적 협력형 노사관계가 정착되어야 한다. 이제 노사간에 불평과 갈등, 혼란을 풀 때가 되었다.

언제까지 우리는 노사분쟁에 시달리면서 경영권의 침해문제, 노동조합의 약체화 문제, 근로자의 경영참가 능력문제 등에 고통을 받으면서 노사간의 협력적 답을 풀 것인가 ? 노사간의 협조를 통해서 일자리 창출, 사회적 생활수준의 향상, 근로자의 인간성 존중의 회복 등 창조경제를 실현해야 한다.

이제 여러분은 "협력적 노사관계의 길"을 읽지 않고서는 훌륭한 정치가도, 경영자도, 관리자도, 노조의 지도자도 될 수 없다는 생각을 해야 한다. 특히 사람을 중심으로 하는 이 협력적 노사관계의 길은 기업성장의 바로메터가 되며, 경영성과(매출액, 수익률, 주가상승, 조직몰입, 직무만족 등)의 열쇠가 됨을 알아야 한다. 그리고 노・사・정의 협력적 합의는 국가의 노동정책, 자본시장, 노동시장 등의 협약을 해결하는 기본이 됨을 알아야 한다.

지금 우리는 지식정보화사회, 스마트한 빠름의 사회 속에서 지구공간을 초월한 세계 속에 살고 있다. 지식경영자, 지식근로자 등이 상호 협력하지 않고서는 살 수가 없다. 어느 한쪽도 비교우위가 없는 대등한 관계의 시대에 살고 있다. 이러한 대등한 지식경영의 산업사회적 환경하에서 사람이 생활하는 데 필요한 제품과 서비스를 만들어가는 데 산업평화를 갈구하는 노사평화의 문제는 대단히 중요한 문제로서 시급히 해결되어야 한다. 그러나 이러한 중요한 산업평화의 협력적 노사관계문제를 체계적인 지식 없이 노・사・정. 담당자들의 집단이기주의 감정적 대립만으로 해결하고자 하니까 사회혼란이 가중되고, 기업성장은 지연되며, 생산성 향상은 저해되고, 노사갈등은 심화되어 결국 경제성장에 마이너스를 초래하고 있다.

노동자의 이기주의, 사용자의 이기주의, 정부의 상생적 노사관계 미흡, 소통의 미흡, 세계시장의 빠른 고객 혁신주의적 욕구부족, 지구 전체 글로벌화 대상의 시장고객화 전개의 결여 등등, 21세기 중반기 안에 풀어야 하는 과제가 산재해 있다. 이 모든 경제환경의 변화에 대한 대응전략을 "협력적 노사관계의 길"로 해결하여야 하고, 소통과 화합으로 글로벌시대에 지구상의 고객을 만족시키며, 시장을 확대하는 데 산업평화적 협력적 노사관계전략으로 풀도록 해야 한다.

이 "협력적 노사관계의 길"은 [포커스 1]에서 시작하여 [포커스 14]까지 주제의 문제를 해설로서 풀이하였다.

포커스 1 : 협력적 노사관계의 길을 찾아라. 이 주제에서는 협력적 노사관계 길의 정의, 협력적 노사관계의 기본구조, 협력적 노사관계의 기본목표 등을 제시하였다.

포커스 2 : 지구상의 노사관계 유형은 몇 가지인가 ? 에서는 세계노사관계 유형과 특징을 제시하고, 한국적 노사관계형을 찾는 길을 제시하였다.

포커스 3 : 노동조합의 기능과 형태를 잘 알아야 한다. 에서는 노동조합의 가입방법과 노동조합비 징수제도, 노동조합의 형태, 복수노조의 허용 문제 등을 풀이하였다.

포커스 4 : 노동조합의 자격과 요건을 잘 알아야 한다. 이곳에서는 노동법에 규정된 노동조합의 자격과 노동조합의 실질적 요건은 무엇이며, 노동조합의 조세면제, 차별대우금지에 대해서 설명하였다.

포커스 5 : 단체교섭의 내용을 잘 살펴보아야 한다. 단체교섭이란 무엇이며, 단체교섭의 대책과 단체교섭의 실질적 기본자세 등을 설명하였다.

포커스 6 : 단체협약의 체결과 관리과정을 잘 알아두자. 이곳에서는 단체협약의 성립은 어떻게 전개되며, 단체협약의 내용과 효력 그리고 단체협약 관리의 중요성을 해설하였다.

포커스 7 : 노동쟁의 쟁점과 조정기법을 잘 알아야 한다. 쟁의행위의 쟁점은 무엇이며, 근로자측의 쟁의와 사용자측의 쟁의행위는 무엇인가를 설명하였다. 노동쟁의를 어떻 조정하며, 필수공익사업장별 필수유지업무를 설명하였다.

포커스 8 : 부당노동행위제도를 관찰하자. 이곳에서는 도대체 부당노동행위가 어떻게 발생하며, 부당노동행위의 유형, 부당노동행위의 구제제도, 경영상 이유에 의한 해고의 제한문제를 설명하였다.

포커스 9 : 노사협의제 이렇게 운영되어야 한다. 선진국의 노사협의제는 어떤 내용으로 되어 있으며, 한국의 노사협의제는 어떻게 운영되고 있는가? 등과 한국노사협의회의 성공적 정착을 위한 제안을 제시하였다.

포커스 10 : 임금쟁점을 해결하는 기법을 배우자로 설장하였다. 이곳에서는 임금의 쟁점, 통상임금의 정의, 임금의 성격, 임금결정의 원칙, 임금체계, 최저임금제도와 연봉제에 대해서 설명하였다

포커스 11 : 노사갈등을 풀어라.에서는 갈등의 유형과 요인, 갈등해소의 기법을 제시해 주었다.

포커스 12 : 노동조합 및 노동관계조정법의 주요쟁점을 제시하여, 설명하였다.

포커스 13 : 근로기준법의 주요쟁점을 설명하였다.

포커스 14 : 근로조건의 보장 및 차별시정을 찾아 해설하는데 중점을 두었다.

이상과 같은 내용으로 "협력적 노사관계의 길"을 한국적 노사관계형을 정립하는 데 목적을 두고 알기 쉽게 정리하였다. 노사운동을 하는 여러분, 노조, 노총, 경총관계, 근로자 여러분, 대학생, 대학원생, 관리자, 경영자, 노동정책 당국자, 노사관계에 흥미를 가진 독자 여러분 등 모두가 이해하기 쉽게 해설하고, 설명하는 데 노력을 경주하였다. 이 책 한권쯤은 옆에 두시고 읽어보시기 바랍니다.

이 한국형 노사관계를 정립한 새로운 산업평화적, 협력적 노사관계의 길을 가이드북으로 제시해 주시고 그리고 추천 교수의 글을 써주신, 전 대통령 소속 경제사회발전 노사정위원장이며 서울대학교 경영대학 최종태 교수, 한국인사관리학회 회장, 강원대학교 안종태 교수, 노사공 공동포럼위원장 이규창 교수, 전 대한경영학회 회장, 성균관대학교 차동욱 교수, 연세대학교 경영대학장 겸 전문경영대학원장 박영렬 교수 등에게 감사드립니다.

끝으로 출판사 탑북스 김광식 사장님과 동료 편집부 이하 여러분에게 감사의 말씀을 드립니다.

2013년 7월 20일

저자 김성수 교수

차 례

FOCUS 1.

협력적 노사관계의 길을 찾아라.

- 협력적 노사관계란? 18
- 협력적 노사관계의 3가지 특징 20
- 협력적 노사관계의 기본구조는? 21
- 협력적 노사관계의 기본목표는 무엇인가? 25
- 노사관계공동의 목표는 3가지가 있다. 27
- 노사관계시스템(IRS)이란 무엇인가? 31

FOCUS 2.

지구상의 노사관계 유형은 몇 가지인가?

- 노사관계의 4가지 유형 36
- 사회적 합의형 노사관계 38
- 세계 노사관계의 유형과 특징
  -한국적 노사관계형을 찾아라- 39

FOCUS 3.

노동조합의 기능과 형태를 잘 알아야 한다.

- 노동조합이란 무엇인가? 52
- 노동조합으로 보지 않는 경우 53
- 노동조합의 개념은 3부분으로 집약된다. 54
- 노동조합의 목적은 무엇인가? 56
- 노동조합의 가입방법을 알아야 한다.
  -노동조합 발전의 중요한 과제- 58
- 노동조합비 징수제도: 노동조합 운영의 재원확보방법 .. 63
- 노동조합에는 어떠한 기능이 있는가? 64
- 노동조합의 형태는 어떻게 구분되었는가? 68
- 결합방식에 의한 노조형태 75
- 복수노조의 허용문제 76

FOCUS 4.

노동조합의 자격과 요건을 잘 알아야 한다.

- 노동법에 규정된 노동조합의 자격 80
- 노동조합의 실질적 요건은 무엇인가? 81
- 노동조합의 조세면제 · 차별대우 금지 86

FOCUS 5.

단체교섭의 내용을 잘 살펴보아야 한다.

- 단체교섭이란 무엇인가? ·· 104
- 단체교섭의 대책을 살펴보자. ································ 115
- 단체교섭의 기본자세를 갖추어라. ·························· 122

FOCUS 6.

단체협약의 체결과 관리과정을 잘 알아두자.

- 단체협약이란 무엇인가? ·· 128
- 단체협약의 성립은 어떤 과정으로 이룩되는가? ···· 132
- 단체협약의 내용과 효력을 살펴보라. ···················· 135
- 단체협약 관리의 중요성을 인식하라. ···················· 143

FOCUS 7.

노동쟁의 쟁점과 조정기법을 잘 알아야 한다.

- 노동쟁의란 무엇인가. ·· 152
- 쟁의행위의 쟁점은 무엇인가. ································ 158
- 근로자측의 쟁의행위는 무엇이 있는가? ················ 161
- 노동쟁의를 조정하라. ·· 173
- 필수공익사업장별 필수유지업무는 무엇인가? ········ 182

FOCUS 8.

부당노동행위제도를 관찰하자.

- 부당노동행위란 무엇인가? ·········· 188
- 부당노동행위의 유형은 5가지가 있다. ·········· 190
- 부당노동행위 구제제도에 관심을 갖자. ·········· 197
- 경영상 이유에 의한 해고의 제한 ·········· 203

FOCUS 9.

노사협의제 이렇게 운영되어야 한다.

- 도대체 노사협의제란 무엇인가? ·········· 208
- 선진국의 노사협의제는 어떤 내용으로 되어 있는가? ·········· 211
- 한국형 노사협의제 ·········· 216
- 한국 노사협의회는 어떻게 운영되고 있는가? ······· 217
- 한국노사협의회의 성공적 정착을 위한 제안을 해본다. ·· 220

FOCUS 10.

임금쟁점을 해결하는 기법을 배우자.

- 임금의 쟁점이란? ……… 224
- 근로기준법상의 '임금' 규정 ……… 227
- 임금의 성격 ……… 228
- 임금결정의 원칙 ……… 230
- 임금체계란? ……… 236
- 최저임금제도란 무엇인가? ……… 248
- 임금형태 ……… 255
- 연봉제란 무엇인가? ……… 259

FOCUS 11.

노사갈등을 풀어라.

- 갈등이란 무엇인가? ……… 268
- 갈등의 유형은 어떤 것이 있는가? ……… 269
- 갈등의 요인을 찾아라. ……… 272
- 갈등해소의 기법을 찾아주어라. ……… 276
- 노사갈등의 문제와 그 해소방안을 찾아라. ……… 279

FOCUS 12.

노동조합 및 노동관계조정법의 주요쟁점을 설명한다.

- 노동조합의 주요쟁점은 무엇인가? ······ 288
- 단체교섭 및 협약을 설명한다. ······ 294
- 부당노동행위의 이런 점을 설명한다. ······ 298
- 단체협약 분쟁의 해결방안을 찾아라. ······ 300
- 노동쟁의 쟁점을 설명한다. ······ 301
- 노동관계조정법의 주요쟁점을 재설명한다. ······ 304

FOCUS 13.

근로기준법의 주요쟁점을 해설한다.

- 탄력적 근로시간제(변형근로시간제)란? ······ 318
- 선택적 근로시간제란? ······ 321
- 특수한 업종에 있어서의 연장근로의 특례 ······ 322
- 고용조정제도(정리해고제)란? ······ 323
- 퇴직금 중간정산제 ······ 325

FOCUS 14.

근로조건의 보장 및 차별시정을 찾아라.

- 장시간 근로에 대한 개선책을 찾아라. 328
- 최저임금 보장 및 체불근로자 권리구제를 강화하라. .. 330
- 취약근로자 근로조건을 보호하라. 331
- 특수형태 업무 종사자를 보호하라. 333
- 기간근로자 등의 근로여건을 강화하라. 334
- 고용에서의 차별관행을 개선하라. 337

협력적 노사관계의 길을 찾아라.

- 협력적 노사관계란?
- 협력적 노사관계의 3가지 특징
- 협력적 노사관계의 기본구조는?
- 협력적 노사관계의 기본목표는 무엇인가?
- 노사관계공동의 목표는 3가지가 있다.
- 노사관계시스템(IRS)이란 무엇인가?

1

FOCUS

협력적 노사관계의 길을 찾아라.

협력적 노사관계란?

협력적 노사관계란 근로자와 사용자와의 인격존중의 원리, 대화타협의 원리, 공동체원리, 노동조합과 경영자 사이의 산업평화적 협력적 관계로 정의한다. 특히 근로자와 경영자의 목표를 생산성 향상과 성과배분의 실현, 노사화합의 평화적 정착에 두는 노사관계를 말한다.

레스터(R.A. Lester) 교수는 "평화적 의미의 노사관계"란 평화의 산업관계(industrial relations of peace)를 지칭하는 것으로서 근로자조직과 산업경영자간의 갈등처리뿐만 아니라 임금, 생산성, 고용보장, 노동조합의 정책 및 노동문제에 대한 정부의 행동을 포괄한 노동의 모든 영역을 협력적 의미를 갖고 있는 것이라고 정의하고 있으며 이를 합리적 이론으로 받아들이고 있다.

한편, 하버드대학의 던롭(J.T. Dunlop) 교수는 노사관계(industrial relations system ; IRS)란 일반적인 노동관계로서 현대사회에서 어떤 정치적 형태를 불문하고 근로자와 경영자의 개인적 또는 집단적 협력관계를 총칭하는 말이다.

따라서 노사관계에는 3 주역이 있는데, 노(勞)·사(使)·정(政)의 평화적 관계라고 정의하였다.

이상과 같이 21세기 평화적 글로벌사회의 노사관계는 근로자·경영자·정부 등 3주역의 협력관계로서 영어로는 Tri-Partite(3주역)이라고 정의 내린다.

그리고 하버드대학교의 노사관계 교수인 밀즈(Daniel Quinn Mills)는 노사관계를 영어로 "Labor and Management Relations"라고 규정하고 "노동조합과 사용자단체(경영자단체 등)의 관계, 집단적 노사관계로 정의하고 있으며, 산업평화를 유지하기 위한 노사간의 대등한 조직적인 집단관계"라고 규정하고 있다. 그리고 근로자와 경영자의 1 : 1의 대등한 개별적 관계도 산업평화의 협력적 노사관계로 규정하고 있다. 협력적 노사관계는 투쟁하는 것이 아니라 노사가 공히 정의롭고, 평등하게 기업을 이끌고, 상생협력하면서 성장하는 것이다.

협력적 노사관계의 3가지 특징

협력적 노사관계란 산업관계(industrial relations)라고도 하는데 산업관계에서는 대체로 세 가지의 특징이 있다.

▶ 제1의 특징 - 평등과 공정성의 인적자원관리 구축

근로자 및 노동조합을 대상으로 하여 기업(회사)이 실시하는 노무관리 내지 모든 인사관리를 뜻하는 포괄적 의미의 인적자원관리는 평등과 공정성을 함축하고 있다.

▶ 제2의 특징 - 대등한 단체교섭

노동조합원 및 협력관계에 있는 경영자로서의 CEO와 경영자 총회 그리고 임금 및 근로조건이나 기타 경영적인 제반 문제 등에 관해 근로자 내지 노동조합과 대등하게 교섭(bargaining)하는 데 있다.

▶ 제3의 특징 - 노사공동체 "삶의질"

글로벌경영시대의 노사관계는 적대 내지 대립관계가 아니라 협력관계 및 평화적 관계가 더 중요하며, 산업평화 정착을 위한 노사공동체의 "삶의 질"을 목적으로 하는데 있다.

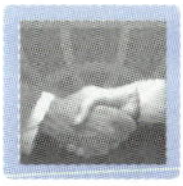

협력적 노사관계의 기본구조는?

협력적 노사관계는 노사공동의 이익을 가져오는 협력적 거래관계를 의미한다. 노동조합과 경영자측이 힘(power)에 바탕을 두고 쌍방적 교섭을 벌이는 거래관계로서 대립·투쟁적 목표보다 쌍방의 이익을 가져오는 협조적·평화적 거래관계, 즉 1 : 1의 대등한 노사관계가 근본 바탕이 된다.

그러한 힘을 바탕으로 상호교섭하는 평화적 거래관계에서 힘 또는 교섭력의 근원은 어디에서 연유하는가?

▶ 힘과 교섭력의 근원은?

관계법규나 기타의 규정 등에 의하여 강제적으로 주어지고 있으나 기업이라는 조직이 감정과 사고를 지닌 다수인의 관리자, 근로자 등 인간적 집단으로 이루어진 사회적 존재임을 감안할 때 자발적이고 비공식적인 관습, 비공식적인 규범 등에 의해서 형성되는 힘도 대단히 중요하다.

21세기 글로벌시대에서는 노사간의 대립되는 힘과 이를 배경으로 전개되는 교섭력은 협력적 노사관계의 기본구조를 바탕으로 이룩되어야 하기 때문에 이를 실현시키는 노사간의 평화적 상호인식이 필요하다.

● 근로자들이 갖는 평화적 힘의 원천

근로자들이 갖는 평화적 힘의 원천에 대해서 설명하고자 한다.

근로자들이 갖는 노동의 원천은 근대공업화 이후 끊임없는 투쟁의 역사를 바탕으로 이루어진 노동력이며, 이 노동력을 힘의 원천으로 보았다. 이는 구체적으로 노동기본권으로서 ① 단결권, ② 단체교섭권, ③ 단체행동권의 노동3권을 의미하며, 이러한 노동기본권을 바탕으로 근로자들은 개별적 종업원으로서 갖게 되는 사용자(경영자)와의 관계에서 약자적 위치와는 달리 집단으로서 노동조합(노총)을 가지고 사용자 또는 경영자측(단체 · 경총)과 대등한 입장에서 교섭 및 실력행사를 진행하는 과정이다.

● 경영권

사용자(경영자)측의 위치에서 경영특권(management prerogative)이라는 경영권을 행사할 수 있다.

이러한 권리가 성문화된 법으로 제정된 것은 아니지만 자본주의 시장경제체제가 지니는 본질적 특질로서의 소유권인정은 사용자라는 이름하에 자본가나 경영자가 경영조직의 운영권 행사를 해왔다. 특히 사용자가 전문경영자로서 기관이나 단체의 장으로 소유주가 아닐지라도 소유주로부터 위임받은 모든 권한내에서 경영관리뿐만 아니라 경영책임 직능을 행사함으로써 소속된 종업원들에게 직접적인 영향을 주었다. 따라서 사용자의 경영관리 책임과 경영직능행사는 인사권과 경영이라는 조직의 경영대권을 가지고 영향을 미치게 하고 있다.

특히 선진국 노사관계의 기본구조에서는 정부의 역할(노동관계부처)도 무시할 수 없을 만큼 중요하고 큰 비중을 점하고 있다. 과거 구미선진국에서는 노동운동의 목표가 자본가의 노동착취와 정부로 부터 노동권합법화를 위한 투쟁이 주류를 이루고 있었다.

노동의 인간화

오늘날은 과거로부터 내려온 노동운동의 목표와 더불어 노동의 인간화 문제가 추가되어 나타나고 있으며 정부의 노동정책을 비롯한 사회경제정책 등이 노사관계에 직·간접적으로 영향을 미치고 있는 것이다.

특히 개도국이나 우리나라와 같이 노동운동의 역사가 전통적 관례에 의한 관습적 노사관계에서 형성된 것이 아니라, 법령이나 국가 정치·경제적 시책에 따라 제도적·규범적으로 노사관계를 형성하는 국가에서 정부의 역할은 더욱 큰 영향을 주고 있다.

따라서 정부는 근로자측에게는 약자의 입장을 고려한 노동3권을 뒷받침 해주고 협조와 지원·조정과 중재역할 기능이 주어져 왔고, 사용자는 경영권이라는 강자의 입장을 고려한 제재와 중재·조정과 지원이 뒤따라 왔다. 만약 이를 뒤바꾸는 정부의 역할은 산업민주화의 평화적 노사관계 논리가 형성되지 않는다.

다음 [그림 1-1]과 같이 선진국 노사관계의 기본구조는 협력적 노사정이 사회적 책임을 지녀야 하며, 사용자는 경영권을 가진 기업의 사회적 책임을, 근로자는 노동 3권을 배경으로 한 노동기본권을, 정부는 행정적 집행력을 지닌 조정역할을 맡아야 한다는 산업평화 노사관계 기본구조모형을 정립하였다.

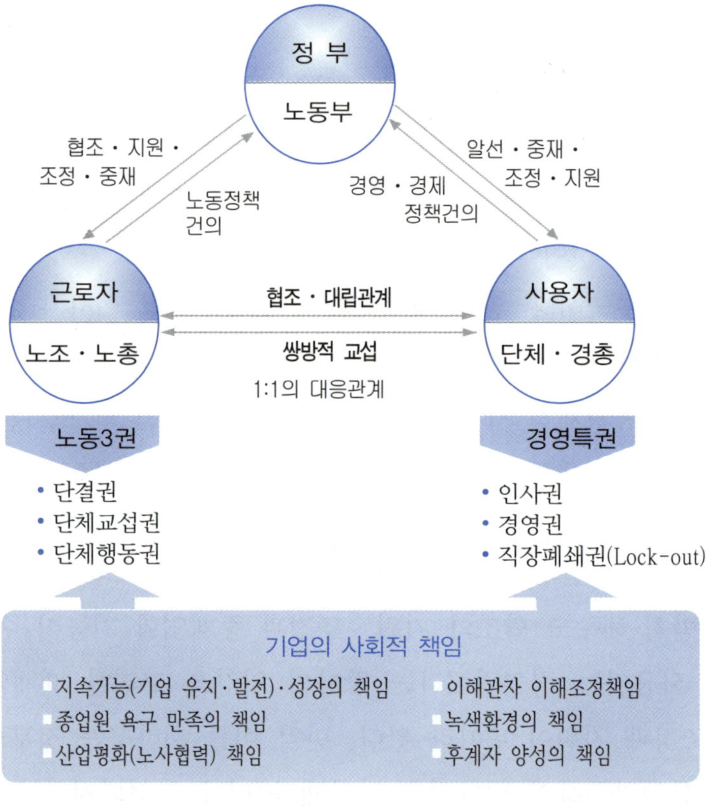

그림 1-1. 산업평화적 노사관계의 기본구조(모형)

이상과 같이 협력적 노사관계는 당사자, 즉 근로자 · 사용자 · 정부 등의 세 주역(tri-partism)이 상호협조적인 관계에서 결합시키는 이념과 철학을 가지고 있어야 하며, 산업현장에서 당사자들을 다스릴 목적으로 만들어진 규칙(rule)이 합리적으로 실현되어야 한다.

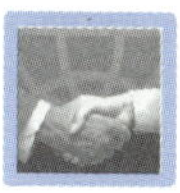

협력적 노사관계의 기본목표는 무엇인가?

협력적 노사관계의 기본목표는 협력적 노사관계의 공익성을 바탕으로 한 ① 노사관계의 대등한 이념의 정립, ② 생산성 향상과 공정한 성과배분의 실현, ③ 노사화합의 정착에 있다.

노사관계의 공익성이란 근로자와 사용자 상호간의 이해가 상반되는 대등관계자로서 각자의 이익만 추구하는 것이 아니라 이해단체의 이해관계자 영향까지도 고려하여 노사양자가 상호 협력해야 한다는 의무를 말한다. 다시 말하면 근로자와 경영자는 서로 이해가 상충되는 대등관계자이다. 양자가 자기의 입장과 이익만을 목적으로 강조하고 타인의 희생을 무시하면 일방의 이익은 타인의 손실이 되므로 결국 쌍방이 희생된다. 따라서 양자가 선의와 이해로서 상호 협력하는 것이 각자 이익이 된다.

이러한 협력은 단지 경영자와 노동조합만으로는 그 효과가 없다. 왜냐하면 노사관계의 불화가 당사자뿐만 아니라 노사를 둘러싸고 있는 이해집단의 이해조정자, 즉 소비자집단, 출자자집단, 지역사회, 금융기관, 정부기관 등에도 많은 영향을 주고 있기 때문이다. 따라서 협력관계는 노사간의 당사자뿐 아니라 이해집단의 이해조정자들까지도 종합적으로 조정해가는 협력이 필요하다. 이것이 바로 노사관계의 공익성이다.

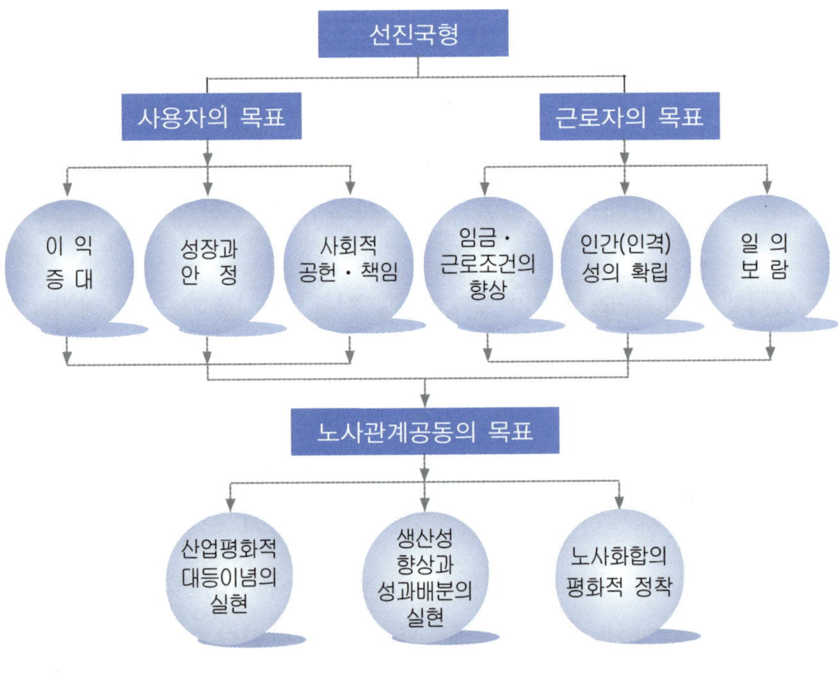

그림 1-2. 협력적 노사관계의 목표

[그림 1-2]와 같이 사용자의 경영목표는 이익 증대, 성장과 안정, 사회적 책임에 두고 있으며, 근로자의 목표는 임금 및 근로조건의 향상, 인간(인격)성의 확립, 일의 보람 등에 목표를 두고 있다. 이와 같이 노사 양측에서 추구하는 목표를 동시에 만족시키는 노사관계의 목표가 중요하다. 노사관계의 목표는 세 가지 측면에서 살펴볼 때, 첫째 협력적 이념의 정립, 둘째 생산성 향상과 성과배분의 실현, 셋째 노사화합의 정착에 있다.

노사관계공동의 목표는 3가지가 있다.

첫째는 협력적 노사관계이념의 실현에 있다.

노사관계공동의 목표는 산업평화의 이념을 바탕으로 하는 협력적 관계의 실현에 두고 왔다.

협력적 이념의 실현은 ① 인격존중의 원리, ② 대화타협의 원리, ③ 공동체원리가 기본이 된다.

✔ 인격존중의 원리

노사는 대등한 입장이라는 것을 이해해야 하고, 산업민주주의는 인격의 평등과 개인의 자유를 보장하는 정신이 우선되어야 하며, 노사쌍방의 인격존중이 우선되어야 민주성이 보장된다.

근로자와 노동조합은 억압당하거나 약체화 해서는 산업평화가 결코 이루어질 수 없으며, 근로자의 인권문제가 제기된 곳에서는 협력적 노사관계가 성립될 수 없다. 인격적인 대우나 존중은 노사협력의 가장 중요한 요소로 산업평화의 바로메터가 되는 근본적 원리다.

대화타협의 원리

노사의 자율적인 교섭관계는 계속적인 대화로 타협점을 찾는 문제해결방식이 되어야 한다. 노사문제를 대화에 의해 해결해야 한다는 기본원리가 확립된다면 투쟁적이고 극단적인 행동이나 사회적 불안을 가중시키는 노사투쟁 문제는 발생하지 않을 것이다.

공동체원리

기업의 조직이 성장성 · 합리성 · 민주성을 추구하는 원리는 근로자와 경영자 모두에게 있음을 원칙으로 한다. 노사공동체는 기업조직의 일체이며 기업발전의 성패가 노사양측에 있음을 의미한다. 기업이 존속함으로써 근로자가 존재하고 경영자가 유지된다.

기업이 망하고 기업이 존속되지 못하면 근로자나 사용자도 존재할 수 없다. 따라서 노사공동체원리는 협력적 노사관계형성의 결정체가 된다.

둘째는 생산성 향상과 성과배분의 실현에 있다.

노사관계의 기본목표는 생산성 향상과 공정한 성과배분의 실현에 있다. 생산성 향상에는 시설, 기술, 경영관리도 중요하지만 노사관계측면이 큰 비중을 차지하고 있다. 따라서 생산성 향상을 저해하는 요인으로 노사관계측면에서는 작업환경의 미비, 임금수준의 저하, 임금격차, 노사간의 대화부족, 근무시간과 휴일의 단축, 표준작업의 미설정, 부당노동행위, 근로자의 가치관 · 직업관 등 의식구조의 부재 등이 가장 큰 문제점으로 지적된다.

노사관계는 기본적으로 경영성과의 분배를 어떻게 공정하게 하느냐의 여부에 달려 있다. 임금을 비롯한 여러 가지 근로조건의 문제는 결국 기업비용과 관계되므로 경영자는 이것을 최저화하는 데 있다. 이에 반하여 같은 근로조건이 근로자에게는 소득의 원천이므로 이것을 최대한 증대시키려고 노력한다. 여기에서 바로 노사대립의 문제와 임금의 양면성이 존재한다.

사용자는 임금수준을 낮추고 임금코스트를 낮추는 데 목적을 둔다면, 그것은 저임금수준에 의하여 근로자의 소비수요를 감소시키고 저임코스트에 의하여 제품가격을 낮추며 저이윤을 초래함으로써 기업의 확장은 불가능하게 되고, 결국 합리적 투자가 이루어지지 않아 생산성 증대와 기업성장을 이룩할 수 없는 것이다.

테일러(F.W. Taylor)는 소위 고임금과 저노무비(high wage and low labor cost)정책을 주장하였고, 포드(H. Ford)는 고임금과 저가격(high wage and low price)정책으로 생산성 향상을 통한 성과배분의 실현문제를 해결하려고 노력해왔다. 산업현장에서 대립의 모순을 없애고 근로자와 사용자는 공존공영을 위한 산업평화 유지에 목표를 두어야 하며, 근로자는 생산성 증대에 중심을 두고 사용자는 공정한 소득분배의 실현과 증대에 목표를 둔다면 노사관계는 기업발전과 경제성장의 원동력이 될 것이다.

셋째는 노사화합의 평화적 정착에 있다.

협력적 노사관계의 길은 산업평화를 위한 노사화합의 정착에 있다. 노사화합의 정착을 위해서는 노사분쟁의 원인이 되는 ① 권력·파워적 문제, ② 경제·물질적 문제, ③ 사회·정신적 문제 등을 없애고 노사간의 상호관계에 합리적인 질서를 유지시켜 주는 데 있다.

노사분쟁의 원인이 되는 ① 권력·파워적 문제의 제거는 노조의 안정과 경영의 안정을 가져오는 데 있으며, ② 경제·물질적 문제의 제거는 적정임금수준 결정과 복지후생고용과 직업안정 그리고 직장안정의 밑바탕이 된다. ③ 사회·정신적 문제의 제거는 현대산업사회에 있어서의 인간적 소외를 해방시켜 주는 원동력이 되며, 근로생활의 질(QWL : Quality of Working Life)과 노동의 보람을 갖게 하며 더 나아가서 인생의 보람(QL: Quality of Life)을 가져오게 한다.

지식정보화 사회에서 근로자에게 일(work)은 자기생계를 영위케 하는 소득의 원천이지만, 일생을 통한 자아실현의 행위이며 보람(worth)을 가져다주는 과정이다. 직장생활의 보람은 인생의 보람을 의미하며 직장생활의 보람을 가져올 때 노사분규 없는 산업평화적 노사관계의 안정이 온다.

노사관계시스템(IRS)이란 무엇인가?

노사관계시스템(Industrial Relations System; IRS)이란 말은 미국 하버드대학교 노사관계연구소의 던롭(J.T. Dunlop) 교수에 의해 최초로 제기되었다.

자본주의 사회의 발전에 따라 근로자의 권익과 경영자의 권익은 어느 누구도 바꿀 수 없는 양대권익이다. 노동권에 따른 인권문제와 경영권에 따른 경영권문제가 첨예화하게 대립되는 것은 너무나 당연하다. 이런 문제를 놓고 노사문제를 해결함에 있어서 기존의 인사관리나 인간관계론으로는 기업의 마찰이나 노동제도적 문제에 접근할 수 없게 되었다.

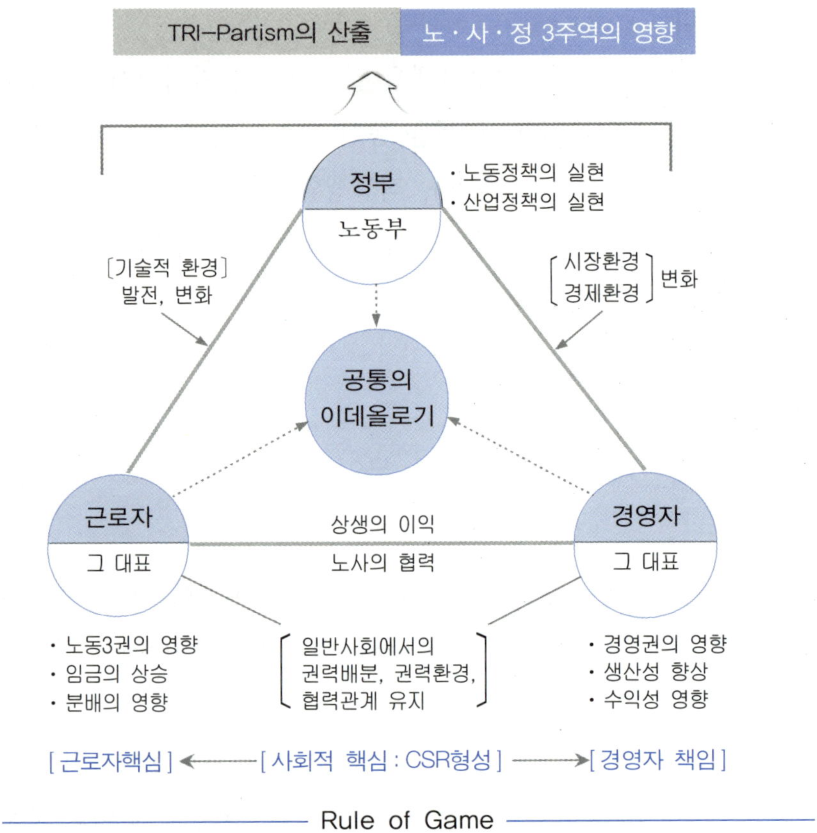

그림 1-3. 노사관계시스템(IRS)

특히 노사관계당사자(근로자 · 사용자 · 정부라는 세 주역)뿐만 아니라 정치 · 경제 · 기술환경적인 요인들까지 영향을 주는 일정한 규칙(rule)과 이념(ideology)이 존재하게 되어 노사관계론의 학문적 중심이론으로서, 즉 사회과학으로서의 학문이 성립할 것인가 등이 연구대상이 되기도 하였다.

특히 노사관계론의 설계를 목표→구조→기능(전략)이라는 일반적 단순논리로서 처리할 수 있다면 목표에는 무엇을 접근시켜야 하며 구조와 기능에는 어떤 영역이 접근되어야 할 것인가도 연구 · 검토되어야 한다.

하버드대학 노사관계연구소의 노사관계시스템에서 나타난 개념적 틀은 노사당사자와 그 당사자들의 공통의 이데올로기 및 환경(기술 · 시장 · 권력)의 상호작용 속에 일정하게 지배되는 규칙(rules of web)이 생산되어지는 하나의 거대한 총체적인 노사관계시스템으로 보고 있다.

따라서 노사관계시스템(IRS)은 경제시스템 및 정치시스템과 같은 평면상에 있으면서 보다 넓은 전체사회 속의 종합경영시스템에 속하고 있으며 경제, 정치, 사회 등을 변화시키고 있다.

노사관계시스템(IRS)을 구성하는 요소

노사관계시스템을 구성하는 요소는 [그림 1-3]에서 잘 표현하고 있다. 첫째, 근로자와 그 대표, 사용자와그 대표 및 정부라는 3주역들(actors)이 있다. 둘째로는 기술적, 시장성, 또는 예산 등과 같은 경제환경이 있고, 셋째로는 이데올로기이며, 이는 노사관계에 있어서 3주역들이 가지고 있는 공통된 사상이다. 이 공통된 사상이 각 주역의 역할이나 위치를 정한다고 말한다.

하버드대학교 노사관계연구소가 가장 중시하는 것은 "노사간의 규칙을 만드는 과정과 3주역들이 따라야 하는 규칙을 설정하였는데 그것은 사업장 또는 생산공장마다 다른 작업규칙과 그 복잡성을 통일적으로 만드는 것"을 말한다.

하버드대학 던롭 교수 자신도 작업규칙이 가장 복잡한 건설업에서 노사관계문제를 오랜동안 중재역할을 담당해왔기 때문에, 규칙이란 말은 작업장에서 노사가 따라야 하는 임금이라든가 인사고가, 해고 등에 관한 규정 등을 어떻게 설정할 것인가가 중요하다고 역설하고 있다. 노·사·정이 공통의 목표로 하는 노조의 운영정책과 단체교섭 및 노사분쟁 해결절차를 어떻게 설정하고 풀어가느냐에 관한 연구가 노사관계시스템(IRS)의 핵심이 된다고 주장하고 있다.

여기에서 우리가 생각해야 할 것은 현재 한국의 노사관계에 있어서 가장 문제가 되고 있는 것은 이러한 게임의 규칙(rule of game)을 설정하는 것이며, 이러한 게임의 규칙을 지켜야 하는 약속의 이행이라는 것을 감안할 때 노사관계시스템(IRS)의 개념은 많은 시사점을 줄 뿐만 아니라 우리 현실에서 매우 좋은 패러다임이 될 수 있다고 본다. 즉, 한국의 노사관계시스템은 노·사·정 등 3주역이 게임의 규칙을 정당하게 지키는 일만 남아 있다.

2

FOCUS

지구상의 노사관계 유형은 몇 가지인가?

- 노사관계의 4가지 유형
- 사회적 합의형 노사관계
- 세계 노사관계의 유형과 특징 -한국적 노사관계형을 찾아라-

2

FOCUS

지구상의 노사관계 유형은 몇 가지인가?

노사관계의 4가지 유형

산업평화와 산업민주화를 위해서 세계 각국의 노사관계제도를 연구하는 학자들이 많아지고 있다. 그러나 세계적 노사관계의 유형을 비교적 정형있게 분석하여 처음으로 제시한 학자가 미국 캘리포니아대학 교수를 지낸 커어(C. Kerr) 박사로서 그는 〈productivity and industrial relations, 1957〉(생산성과 노사관계)라는 논문 속에 노사관계의 유형을 크게 4가지로 구분하여 놓았다.

첫째는 경쟁적 노사관계형이다.

시장경쟁의 원리를 기반으로 노사의 지위를 1:1의 대등한 관계로 규정한 영·미식의 노사대등형·단체교섭형이라고 한다.

둘째는 친권적 노사관계형이다.

노사를 가족처럼 생각하는 친권적의 공동체원리를 기반으로 한 상호협력적 노사관계 형태를 가지고 있는 독일식의 공동의사결정형이다.

셋째는 계급투쟁적 노사관계형이다.

노사관계를 계급적으로 보는 대립적인 투쟁의식 속에서 전개시킨 절대적 형태이며, 프랑스식으로서 쌍디칼리즘(syndicalism) 영향 속에 이루어진 단체교섭중심형이다. 쌍디칼리즘이란 무산적 계급, 무정부적 영향의 문화를 의미한다.

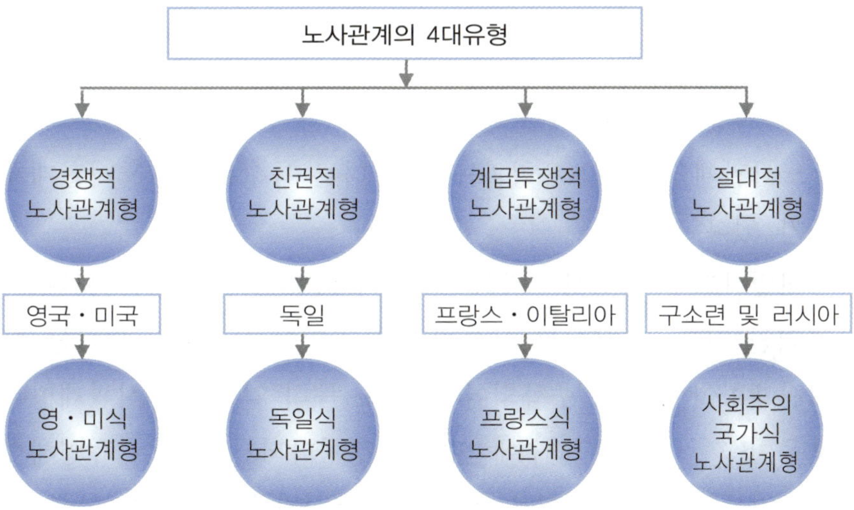

그림 2-1. 노사관계 유형의 4가지

넷째는 절대적 노사관계형이다.

대부분 사회주의 국가에서 나타나고 있는 형태로서 사용자가 국가의 공산당관료로서 절대적 권한을 가지고 있는 과거의 소련식 노사관계의 유형이다.

이상과 같은 커어의 4가지 노사관계 유형은 오늘날 산업민주화 방향의 2대 조류라는 독일식의 공동의사결정(co-determination) 중심의 친권적 방향과 영・미식 단체교섭(collective bargaining) 중심의 경쟁적 노사관계의 2대 방향을 정립하는 데 기초가 되었다.

사회적 합의형 노사관계

노사관계의 4가지 유형과는 매우 다른 특수유형의 노사관계제도가 있다.

네덜란드식 노・사・정의 사회적합의형 노사관계와 자본주의 권역인 일본 그리고 특히 사회주의 권역인 유고에 등장하는 노사관계형이 관심이 주목되어 왔으며, 특히 일본식 노사관계형은 오우치(W. Ouchi) 교수에 의하여 정형화되기도 하여 유명해졌다. 일본식 노사관계형은 가부장적 노사관계형으로 오늘날까지 일본식 노사관계형으로 자리잡아 가고 있다.

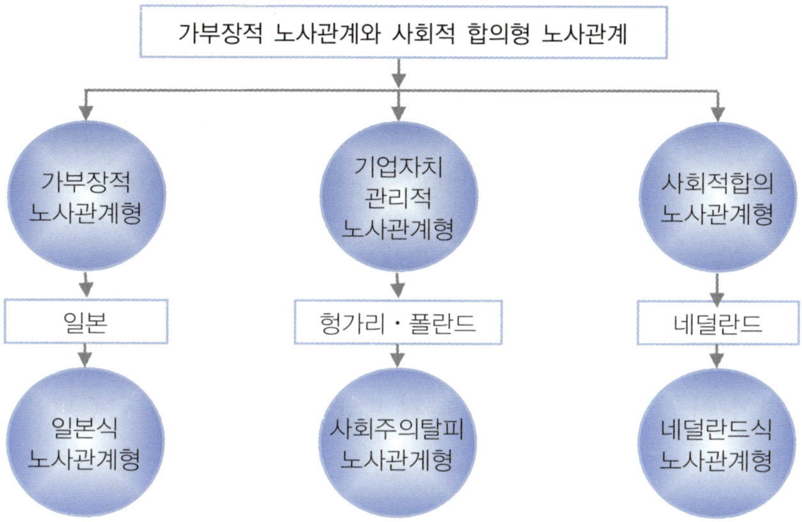

* 오우치(W. Ouchi) 교수와 그 밖의 노사관계

그림 2-2. 현대적 의미의 사회적 합의형 노사관계

세계 노사관계의 유형과 특징 - 한국적 노사관계형을 찾아라 -

영 · 미식: 경쟁적 노사관계형

21세기 산업민주화에서 기본이 되고 있는 시장경쟁의 원리를 적용한 1:1의 대등한 노사관계형은 영 · 미식에서 찾아볼 수 있다.

영·미식은 노사가 경쟁적으로 활동하는 타입이기 때문에 노사의 대등관계가 기본이 되며 단체교섭의 방향에서 합리적으로 결정되는 유형이다.

이 경쟁적 노사관계형의 특징은 먼저 노사간의 인권 및 권리가 존중되고 책임과 의무가 따른다. 노동자는 노동3권이 지켜지며, 사용자는 경영권이 지켜지도록 경쟁한다.

노동권과 경영권이 상호 존중되면서 서로의 권리확대를 위하여 경쟁한다. 따라서 노사관계가 노사대등한 입장에서 교섭 및 조정이 이루어질 수 있도록 하기 때문에 근로자들이 단결력을 발휘할 수 있는 특징도 가지고 있다.

문제는 노사간의 대등한 경쟁관계에서 단체협약을 체결할 수 있어야 하기 때문에 노사간의 협동이 도출되어야 하며, 단체교섭의 방향이 산업민주화의 목표가 되어야 한다는 점이다. 그러나 산업민주화는 노사간의 단체교섭에서 다수결의 모순 등이 발견되기도 한다.

독일식: 친권적 노사관계형

친권적 노사관계는 기업내에서 노사관계가 마치 부부와 같은 가족관계를 유지하는 형태로, 사람들은 독일의 노사관계를 부부관계로 표현한다.

친권적 노사관계형의 방향은 공동체원리를 기반으로 한 공동의사결정에 있으며 노사가 임금 및 근로조건을 공정·성실하게 공동결정하는데 그 특징이 있다. 따라서 근로자는 직무·직업에 대한 책임과 충성심이 강하고 노사쌍방간의 신의·성실·의무가 실현되며 산업민주화 방향이 기본이 되는 노사관계로서 특히 근로자가 자본참가, 이익참가, 분배참가 등 경영참가가 실현된다. 친권은 경영참가주의가 산업민주화의 기본이 된다.

프랑스식: 계급투쟁적 노사관계형

커어(C. Kerr)는 계급투쟁적인 노사관계를 프랑스의 사례로 제시하고 있다. 프랑스의 노동조합은 그 출발 당초부터 계급투쟁적인 색채가 농후하였던 전통이 오늘에도 남아 있으며, 또 그런 경우의 노동조합은 사용자에 대하여 생활감정을 전혀 달리하는 이질적 집단인 까닭에, 노사관계는 상대적인 관계라기보다 절대적인 계급투쟁적 성격을 지니고 있다.

사용자는 자본가계급의 입장에서 근로자는 노동자계급의 입장에서 서로 별개의 계급으로 인정하고 투쟁하면서 서로 적대하며 평등을 주장하고 근로자는 노동조합과 노동당에 충성심을 가지는 것과 같은 형태로서 노사의 주장이 극한 대립으로 전개되는 경우가 나타나 정부가 적극적으로 개입하여 조정하지 않으면 안된다.

그 특징은 다음과 같다.

① 노조는 사용자와 감정을 달리하는 이질적 집단으로 취급하고 있다.

② 노조생성시부터 프랑스나 이탈리아의 민족적·문화적 전통의 요소 때문에 자본가계급과 노동자계급이 서로 대립하면서 서로의 이익을 위하여 강도 높은 투쟁적 색채를 강하게 띠고 있다.

③ 노동조합은 무정부주의적이고 무산적 계급의 영향이라는 전통적 요소를 가진 쌍디칼리즘(syndicalism)문화 때문에 노동조합 전체 또는 개별기업 노동자 조차도 계급투쟁적 활동이 전개되고 있는 경우가 있다. 단, 노사분규·파업 등은 정부의 정책적 변화를 가져온다.

공산권식: 절대적 노사관계형

절대적 노사관계형이란 근로조건의 결정이 주로 사용자측(노동당)의 일방적 의사에 따라 결정되는 경우이다. 구소련을 비롯한 사회주의제국의 노사관계가 이에 해당한다.

특히 근로조건의 결정이 사용자(노동당 혹은 중앙당)의 일반적 의사에 의해서만 형성되기 때문에 임금·근로시간·취업규정 등이 근로자의 의사와는 무관한 형태로서 무조건적으로 사용자(노동당)

의 힘에 의해서 결정된다. 노동조합이 중앙집권적 국가경영방식으로 되어 있어 노사의 개념이 노동자(국민)와 정부로 구별되고 있으나 사회주의 국가의 대표적 권력방식으로 근로기준법이 국민의 헌법처럼 취급되고 있다. 여기서 노동당은 사용자(정부)의 역할과 동일하다.

사회적 합의식: 유럽형모델→네덜란드식 노사관계형

사회적 합의식 노사관계란 네덜란드식 노사관계형으로서 구조조정의 과정에 노사공익사회단체를 적극적으로 참여시키는 사회적 합의방식을 채택하여 사회갈등을 최소화한다.

경제적, 노동정책적 이슈들을 "사회적 합의기구인 노사정합의체"가 결정한다. 노사자율기반이 확대되고 경제에 대한 정부개입의 축소라는 정치・경제적 시대조류에 힘입어 노・사・정 합의체가 사회적 합의기구가 되었다.

이 사회적 합의식 네덜란드형 노사관계는 1960년대와 1970년대 그 효율성에 대해 의문이 제기되었으나 1982년 바쎄나르 협약의 체결을 계기로 사회통합을 유지하면서 구조조정을 성공시킨 유럽형 모델로 발전하여 왔다.

1997년 G7경제회담에서 당시 미국의 클린턴 대통령이 네덜란드모형(Model of Holland)을 성공적으로 평가하고, 이에 대한 연구가 필요가 있다고 언급함으로써, 네덜란드형 사회적 합의식 노사관계에 대한 세계의 관심이 절정에 달하였다.

즉, 네덜란드는 노동조합의 사회적 역할에 대해 국민적 공감대가 형성되어 있는 가운데 노사공익이 참여하는 사회경제협의회와 노사간 협의기구인 노동재단이라는 사회적 합의의 두축이 제2차 세계대전 직후부터 활발하게 활동하여 온 경험이 1982년 바쎄나르 협약을 계기로 결실을 맺었다. 노·사·정의 합의형 노사관계는 경제공동체 노사관계형으로 미래지향적 경쟁력을 갖추고 있다. 따라서 노사분규가 없다. 노사분류가 심화되어 투쟁강도를 높이는 나라는 이 노사정 합의형 노사관계 모형을 받아들여 성공하는 방안도 제기된다.

일본식: 가부장적 노사관계형

유교적 색채가 농후하게 깔려 있는 일본식의 가부장적 노사관계형은 전후의 경제발전과 더불어 제도화되어 발전되어 왔으며 노동시장의 변화, 서구의 합리화와 동양의 전통이 합친 화(和)의 노사관계중심형이다. 가족주의적 공동체원리가 지배하는 일본노사관계를 창조하였다. 다음 [그림 2-3]을 참조하기 바란다.

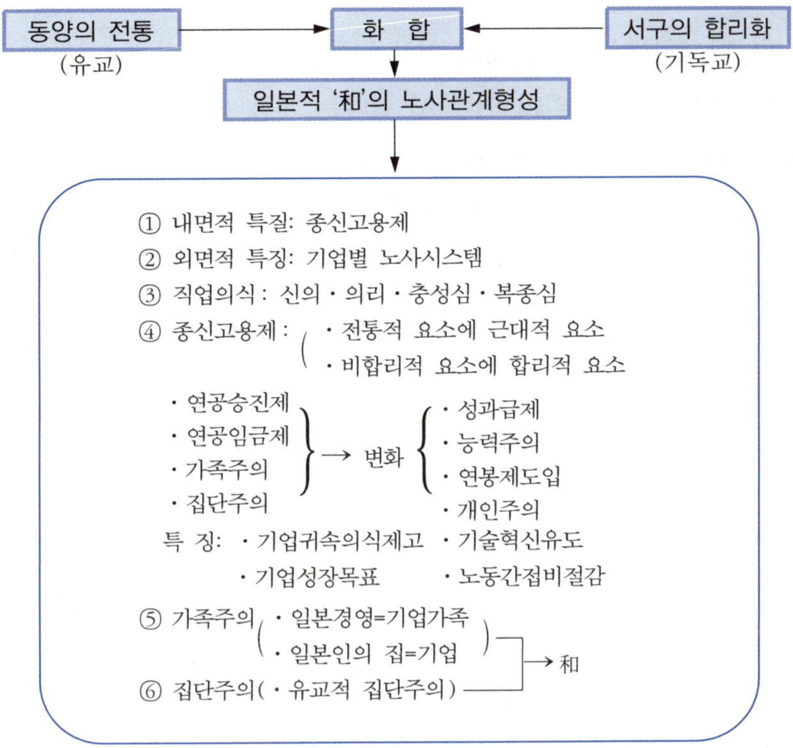

그림 2-3. 오우치 교수 노사관계형(동양식 · 일본식)

일본노사관계의 특징은 외면적으로는 기업별 노사시스템이 중심을 이루고 있으며, 내면적으로는 종신고용제가 조화되어 유교적 집단주의 공동체형성의 화합적 의사결정이 주류를 이루고 있다. 그러나 21세기를 지향하면서 종신고용제는 점차 퇴조하고 있어 일본도 새로운 모형을 찾기에 전념하고 있다.

지난날 일본적 노사관계의 기본개념은 공동체원리에 있는데, 종신고용 역시 공동체원리 위에 서 있다는 것을 특색으로 하고 있다. 즉, 고용의 공동체원리의 확립, 생산성이나 능률에 대한 노사공통의 견해, 기업내 각 직장에서의 직장공동체, 기업의식과 조합의식의 양립 등이 그 대표적인 공동체원리이다.

그리고 일본노사관계에 작용한 문화적 전통은 가족주의와 집단주의를 빼놓을 수 없다. 가족주의를 기업노사관계에 토착화시켜 경영가족주의의 이념을 실현시키고 기업공동체구현의 밑거름이 되게 하였다.

집단주의는 유교적인 사상의 뒷받침을 통해 가문을 중심으로 그 기반을 다져왔다. 모든 개인은 집단구성원의 일원으로서 집단규범에 따라 행동하면서 화(和, harmony)라는 포괄적 개념 속에 노사간의 협력관계를 맺어왔다. 이 유교적인 집단주의의 윤리관이 일본의 무사(사무라이)정신과 함께 기업경영에 적용되어 충성으로 소속의식을 강하게 다져왔다.

이와 같은 종업원들의 의무감과 충성이 일본기업에 있어서 수직적인 사회적 결속을 강하게 해주었으며, 의리관계의 형성이 바로 노사관계형성으로 발전되어 정착화되어 왔다.

기업자치관리식: 특수유형의 노사관계형

노사관계제도의 특수유형으로서 유고・헝가리・폴란드 등 기업자치관리식 모형을 볼 수 있다. 공산주의 국가이지만 구소련식 중앙집권적 관료제를 벗어나려는 의도의 일환으로서 기업의 근로자 자치관리제를 도입하였다.

21세기인 지금은 동구권의 자본주의시장 경제체제의 전환으로 근로자 자치관리형의 새로운 노사관계 형성이 이룩되고 있다.

근로자 자치관리제는 노사관계의 유형별로 볼 때 일종의 종업원 중심주의체제이다. 종업원이 경영참가를 통하여 노사공동협의체를 만들어 정부의 지도와 지침을 받는다. 노사공동결정단체, 종업원 자치경영단체로 볼 수 있다.

기업의 노사자치관리제의 기구는 ① 협의의 자치관리제의 기구로서 노동총회, 근로자평의회, 운영위원회, 근로자통제위원회 등이 있으며, ② 경영통솔기구로서 관리자(기업장) 또는 자본가 지주내지 정부가 있으며, ③ 전문서비스기구로서 스탭 부문 등이 있다.

이와 같은 기업자치관리제의 노사관계는 구조적인 차원의 문제점이 있는데, ① 외부세력의 개입, ② 관료화, ③ 전문지식과 기술부족, ④ 경영의 무정부적인 경향, ⑤ 재무구조의 악화, ⑥ 경제적 낙후성과 소득의 격차 등이 나타나고 있다.

이외에 근로자는 보상의 결핍, 소득격차가 나타나며 파업이 발생하고 있으나 기업은 자치관리적 노사관계가 실행되는 기간동안 투쟁같은 강도 높은 이데올로기적 이념이 성립되지 않고 있다.

기업자치관리는 동구권 산업사회의 기본적 인간욕구(human needs)에 부합되었고 근로자에게 기업 · 경제 · 사회 전체의 구조에 대한 지식과 정보를 주었으며 결국 산업민주화를 위한 유용한 수단을 제공해 주었기 때문에 기업자치관리단에서 결정하고 있다.

기업자치관리식 노사관계형은 무엇보다도 근로자의 경영참가가 중시되어야 한다는 것이었으며, 이 경영참가야말로 사회 · 경제적 민주주의를 확보시켜줄 뿐만 아니라 구소련의 사회주의의 관료적 지배를 극복할 수 있는 유일한 수단이 된다는 것이다.

표 2-1 세계 노사관계의 유형과 특징

유 형	대표적 국가	방 향	특 징
경쟁적 노사관계형	영국 · 미국 (영 · 미식)	· 노사대등형 · 단체교섭형	· 노사간의 1:1의 대등한 관계 · 노사간 기본권리존중 · 노사대등한 입장에서 교섭 및 조정 · 노사대등한 단체협약 체결 · 노사관계의 협동도출 · 산업민주화 목표달성의 노력
친권적 노사관계형	독일 (독일식)	· 공동체 의사 결정형 · 공동체원리 · 경영참가형	· 기업의 노사관계를 가족처럼 유지 · 노사가 근로조건을 공동결정함 · 사용자가 먼저 임금 · 근로조건을 공정 · 성실하게 개선함 · 근로자는 직무 · 직업에 대한 책임 · 충성심 강함 · 노사쌍방의 신의 · 성실의무 이행약속 · 산업민주화 방향 · 경영참가제 실시 · 성과배분제의 제도화

유 형	대표적 국가	방 향	특 징
계급투쟁적 노사관계형	이탈리아 프랑스 (프랑스식)	· 노사관계의 절대형 · 단체교섭 중심형	· 노조는 사용자와 감정을 달리하는 이질적 집단의식 강조 · 노조 생성시부터의 계급투쟁적 색채 농후 · 계급투쟁은 민족적 · 문화적 전통의 요소로 간주 · 노동조합의 무산적 계급 · 무정부주의적 영향이 큼[쌍디칼리즘(syndicalism) 영향받음] · 전국노동운동 또는 개별기업에서도 계급투쟁적 활동의 전개
절대적 노사관계형	구소련 및 러시아 (사회주의 국가식)	· 사용자의 절대적 권한중심형 · 노동조합은 공산당기관	· 공산주의 국가계획중심의 근로자지배 우위 노동단체는 공산당기관 · 근로자의 임금 · 근로조건 등이 사용자의 일방적 의사에 따라 이루어짐 · 노동조합은 국가기관인 공산당주도하에 움직임 · 사용자인 국가의 절대적 권한 · 사용자의 일방적 결정으로 복종함
사회적 합의 노사관계형	네덜란드 (네덜란드식)	· 노사공익의 사회경제협의회 · 노사간 협의기구의 노동재단 · 노사정의 사회적 합의형	· 구조조정 과정에서 노사가 적극적 참여시킴 · 경제 · 노동문제 사회적 합의기구 해결 · 사회갈등 최소화→노사정 합의체제 결정 · 사회 통합 유지하면서 구조조정 성공
	아일랜드 (아일랜드식)	· 노 · 사 · 정 · 민(시민단체, NGO 등)합의형	· 경제공동체형 노사관계-합의도출 · 사회갈등최소, 사회안정 최우선 · 노사합의→산업평화근본
가부장적 노사관계형	일본 (동양식)	· 화의 노사 관계중심형 · 가족주의의 공동체원리 · 집단주의의 화합원리	· 유교적 집단주의의 공동체형성 노사관계→화합적 의사결정 · '和 · 忠'을 중심으로 한 윤리관인 일본적 무사정신→노사의 의리관계 중시 · 기업별 노조시스템 · 종신고용제→근로자의 직업안정 · 상호주의와 노사관계형성

유 형	대표적 국가	방 향	특 징
기업자치 관리적 노사 관계형	유고·헝가리·폴란드식	·근로자 자치 관리제도형 ·종업원 경영참가방식	·종업원에 의한 자치관리기구경영→근로자의 관리자(기업장)경영통솔기구 운영 ·노조의 자치관리제 수행 ·근로자의 경영의사결정 참여기회 부여 ·경영의 무정부적인 경향 농후 ·구소련의 중앙집권적 관료제에서 탈피하고자 하는 민주적 노사관계의 형성 시도 ·근로자평의회의 사회공동체이익·생산수단관리 실시

* 이곳에서 한국적 노사관계형은 어느 유형이 적합할까?

한국기업경영의 역사와 특질, 노동조합의 기능과 형태, 근로기준법의 재해석, 근로자와 경영자의 민족적·인간적 특성, 한국노사관계의 변천사를 살펴보면서 21세기 이후 "한국의 산업평화적 협력적 노사관계형"을 정립해 보고자 한다.

3

FOCUS

노동조합의 기능과 형태를 잘 알아야 한다.

- 노동조합의 기능과 형태를 잘 알아야 한다.
- 노동조합이란 무엇인가?
- 노동조합으로 보지 않는 경우
- 노동조합의 개념은 3부분으로 집약된다.
- 노동조합의 목적은 무엇인가?
- 노동조합의 가입방법을 알아야 한다.-노동조합 발전의 중요한 과제-
- 노동조합비 징수제도: 노동조합 운영의 재원확보방법
- 노동조합에는 어떠한 기능이 있는가?
- 노동조합의 형태는 어떻게 구분되었는가?
- 결합방식에 의한 노조형태
- 복수노조의 허용문제

3 FOCUS

노동조합의 기능과 형태를 잘 알아야 한다.

노동조합이란 무엇인가?

노동조합이란 노동력을 가진 근로자들이 근로생활의 조건을 유지하고 개선하기 위하여 조직한 항구적인 단체이며 아래와 같이 정의한다.

■ 노동조합 정의

근로자가 개별적·단독적 고용관계에서 오는 사용자와의 불리한 지위를 극복·개선하고, 독립된 근로자간의 조직화를 통하여 사용자와의 고용계약에 있어서 유리한 지위를 획득하며, 근로자들이 경제적·사회적인 지위를 향상시키기 위하여 설립한 자주적 집단조직체를 말한다.

1894년 영국의 웨브(S.J. Webb)부처는 그들의 공저인 『노동조합주의사』(*The History of Trade Unionism*)에서 다음과 같이 노동조합을 규정하고 있다. 이 『노동조합주의사』는 현대노동조합이론의 근간이 되었다.

"노동조합이란 고용조건의 유지 또는 개선을 목적으로 하는 임금근로자의 지속적 단체"라고 정의하였다.

우리나라 "노동조합 및 노동관계조정법" 제2조 노동조합의 정의도 다음과 같다.

> "노동조합이라 함은 근로자가 주체가 되어 자주적으로 단결하여 근로조건의 유지ㆍ개선 기타 근로자의 경제적ㆍ사회적 지위의 향상을 도모함을 목적으로 조직하는 단체 또는 그 연합단체를 말한다."

노동조합으로 보지 않는 경우

다만, 다음에 해당하는 경우에는 노동조합으로 보지 않는다.

① 사용자 또는 항상 사용자의 이익을 대표하여 행동하는 자의 참가를 허용하는 경우,

② 경비의 주된 부문을 사용자로부터 원조받는 경우,

③ 공제ㆍ수양 기타 복리사업만을 목적으로 하는 경우,

④ 근로자가 아닌 자의 가입을 허용하는 경우,
다만, 해고된 자가 노동위원회에 부당노동행위의 구제신청을 한 경우에는 중앙노동위원회의 재심판정이 있을 때까지는 근로자로 해석한다.

⑤ 주로 정치운동을 목적으로 하는 경우 등은 노동조합으로 보지 않는다.

노동조합의 개념은 3부분으로 집약된다.

첫째, 노동조합은 근로자의 자주적인 단체이다.

노동조합은 근로자를 위한 조직체이다. 근로자는 경영자와의 개별적인 교섭으로는 그들에게 유리한 근로조건을 가질 수 없기 때문에, 조직을 배경으로 집단적으로 교섭을 하며, 노동력을 무기로 세력을 확장시키는 자주적인 노동단체이다. 그러므로 노동조합은 근로자의 이익단체인 동시에 근로자들이 아무런 간섭을 받지 않고 독립성을 가지며 자유롭게 운영되는 근로자를 위한 단체이다.

둘째, 노동조합은 근로조건의 유지・개선을 목적으로 하는 단체이다.

노동조합결성의 주된 목적은 근로조건의 유지 혹은 개선에 있었고 그 밖에 상호부조적 목적, 공제사업적 목적, 경제적 목적, 문화적 내지 교육적 목적 등의 부차적 목적에 있다.

그러나 노동조합은 근로자의 전반적인 지위향상이란 목적달성을 위하여 ① 기업내에서는 단체교섭의 경로를 통하여 구체적인 근로조건의 개선을 실현하고, ② 기업외에 있어서는 노동생활의 안전과 사회보장제의 실현에 압력을 가하는 두 가지 목적을 가진다.

따라서 노동조합운동의 경향은 전자가 특히 기업조합주의에서 현저하게 나타나고 있으며, 이는 조합원의 이익보호를 위주로 하고 있는데 반하여, 후자의 목적은 사회개혁을 주장하는 복지조합주의를 낳게 하였다.

셋째, 노동조합은 근로자의 항구적 · 계속적인 단체이다.

노동조합은 근로자들의 일시적 · 한시적인 노동단체가 아니라 항구적이고 영속적인 단체이다. 노동조합은 근로자들의 경제적 목적을 달성하기 위해서 단체교섭을 실현하는 단체이며, 이를 실현하기 위해서 항구적 · 계속적인 단체로서 존속되지 않으면 안된다.

노동조합은 집단을 통해서 약자로서의 근로자가 주체적 위치를 확립하고 나아가서 지속적으로 근로자의 이익을 위해 표현되며, 근로자의 심리적 · 인격적 · 사회적 지위를 확보하기 위해서 노력한다.

따라서 근로자들에게 인간적인 존엄성을 사회적으로 인정받게 노동조합은 지속적으로 노력해야 한다. 노동조합은 일시적 목적을 달성하기 위해서 또는 쟁의수단을 위해서 급조된 임시단체인 쟁의단 같은 형식의 조직체가 되어서는 안된다.

노동조합의 목적은 무엇인가?

노동조합 및 노동관계조정법 제1조인 목적에 의하면

이 노조법은 헌법에 의한 근로자의 자주적인 단결권·단체교섭권 및 단체행동권 등 노동3권을 보장한다. 근로자의 근로조건을 유지·개선하고 근로자의 복지를 증진함으로써 그 경제적·사회적 지위의 향상과 산업평화의 유지와 국민경제의 발전에 기여하기 위해서 계속적·항구적인 노력을 하는 근로자단체임을 규정하고 있다.

근로자가 존재하는 지구상의 어느 나라에서든지 근로자의 노동3권은 보장되기를 바라고 노사간에는 자유와 평등이 이룩되고 근로조건에 관해서는 자주적·평화적으로 협상하고 정부는 개입하지 않는다는 것을 관례로 여겨온 것이다. 이것을 가리켜 노동조합주의의 관행이라고 하며 오늘날 많은 나라에서는 이를 통례로 실천하고 있다.

✔ 노동조합 관행의 3원칙과 부수적 3원칙

노동조합주의의 관행에는 기본 3원칙과 부수적 3원칙이 있다.

노동조합주의 관행의 기본 3원칙은 ① 자유로운 단결의 원칙, ② 자유대등한 단체교섭의 원칙, ③ 자유로운 쟁의행위의 원칙 등이 있다.

노동조합주의의 부수적 3원칙은 ① 정부불간섭의 원칙, ② 정당으로부터의 자유의 원칙, ③ 사용자로부터의 자유의 원칙 등이 있다.

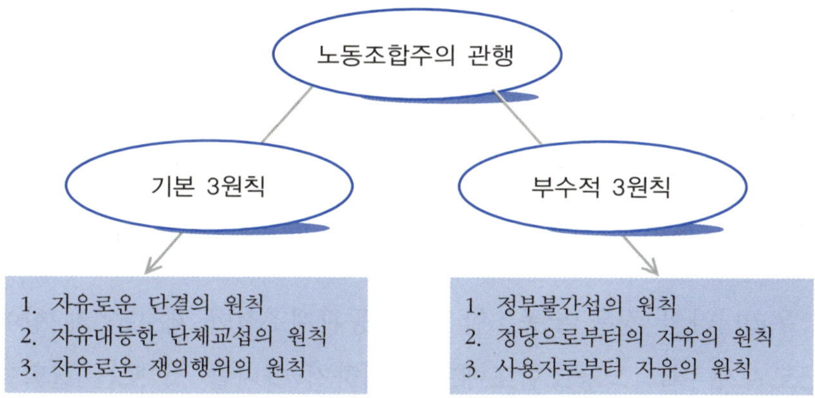

그림 3-1. 노동조합주의 관행

노동조합의 가입방법을 알아야 한다.
- 노동조합 발전의 중요한 과제 -

노동조합이 그의 조직을 강화하기 위해서 조합원수를 어떻게 용이하게 확보해야 하느냐는 노조발전의 가장 중요한 과제가 된다. 따라서 노동조합의 가입방법은 그 조직화의 유형에 따라 기본적 숍제도(shop system)와 변형적 숍제도가 있다.

노동조합가입방법 : 기본적 숍제도

✔ 오픈 숍(open shop)제

고용관계에 있어서 사용자는 노동조합에 가입한 조합원이나 가입하지 않은 비조합원이나 모두 고용할 수 있는 제도이다. 이것은 노동조합의 가입이 고용조건이 아닌 제도라고 정의된다.

우리나라의 경우 노동조합 및 노동관계조정법 제81조 제2항에 근로자가 어느 노동조합도에도 가입하지 아니할 것 또는 탈퇴할 것을 허용조건으로 하거나 특정한 노동조합의 조합원이 될 것을 고용조건으로 하는 행위를 부당노동행위로 규정함으로써 오픈 숍(open shop)제도를 허용하고 있다. 그러나 미국같은 나라는 와그너법(Wagner Act 1935년)으로 오픈 숍제를 불법화하고 있다.

왜 미국은 오픈 숍 제도를 불법화하고 있는가? 생각해 보자.

가령 500명의 종업원이 있는 기업에서 10%인 50명만 노조에 가입하고 90%인 450명은 노조에 가입하지 않았다. 이 회사는 10%의 노조원들이 열심히 투쟁하여 임금인상을 성공시켰다. 그러나 임금인상은 전종업원이 혜택을 받았다. 10% 노조원의 투쟁 결과는 비조합원 90%까지 임금인상 혜택을 받는다는 것이다. 그래서 미국은 오픈 숍제를 불법화하고 있는 것이다.

✔ 클로즈드 숍(closed shop)제

기업의 근로자 또는 종업원의 고용조건이 노동조합원을 전제로 하는 것이다. 즉, 노동조합 가입이 고용조건의 전제가 되는 것으로 노동조합측에 가장 유리한 제도이다. 따라서 회사와 노동조합간의 단체협약으로서 종업원의 채용, 해고 등을 노동조합이 주도하여 관장하는 것으로 노동조합의 가입이 고용조건이 되는 강력한 제도이다.

따라서 기업은 노동조합원 이외에서는 절대로 종업원을 채용할 수 없으며 반드시 종업원은 조합원이 되는 것이며, 노동조합원으로 채용해야 한다는 강력한 조합원 확보제도라고 할 수 있다. 이 제도의 실시는 노동조합의 권리와 단결을 지키는데 필요하다. 미국의 경우 이 제도는 와그너법(Wagner Act, 1935년)에서 인정되었으나 노동조합의 지나친 권력남용과 노조의 세력을 약용하는 부분적 폐단 때문에 태프트-하틀리법(Taft-Hartley Act, 1947년)에 의해서 불법화되었으며, 다만 건축업에 한하여 1959년에 다시 합법화되었다.

✔ 유니언 숍(union shop)제

유니언 숍제는 오픈 숍제나 클로즈드 숍제의 중간형태이다. 이 가입방법은 사용자는 노동조합의 조합원 이외의 근로자까지도 자유로이 고용할 수 있으나 일단 고용된 근로자는 일정기간 중에 조합원이 되지 않으면 안된다는 제도이다. 미국의 경우 태프트-하틀리법에서는 고용 후 일정기간내의 가입을 30일로 정하고 있다. 유니언 숍제가 클로즈드 숍제와 다른 점을 후자는 고용되기 이전부터 조합원이어야 한다는데 반하여 전자는 비조합원도 고용이 되지만 고용된 후 일정기간 이내에는 조합에 가입할 것을 규정하는 것이다. 따라서 조합이 제명처분하거나 조합원 본인이 가입을 거부하면 해고를 당하게 된다. 이 제도는 노동자의 2/3 대표하는 노조에 허용하고 있으나 노동자의 선택권보장이 전제가 되어야 한다.

노동조합 가입방법: 변형적 숍제도

21세기 글로벌 자본주의로 성장하고 융합기술 산업시대로 진전함에 따라 노동조합 가입방법도 기본적 가입방법으로는 실효성을 증대시킬 수 없기 때문에 변형된 조합가입방법이 생성되었다.

✔ 에이전시 숍(agency shop)제

대리기관 숍제도라고도 한다. 이는 조합원이 아니더라도 모든 종업원에게 단체교섭의 당사자인 노동조합이 조합회비를 징수하는 제도이다.

이 제도는 근로자들이 비조합원으로서 조합비 납부의 업무를 회피하는 반면 타조합원들과 동일한 혜택을 향유하려는 심리를 줄일 수 있으며, 동시에 노동조합은 조합원수를 늘리게 됨으로써 안정을 가져올 수 있는 방법이다.

✔ 프레퍼렌셜 숍(preferential shop)제

우선 숍제도라고 한다. 이는 채용에 있어서 노동조합원에게 우선순위를 주는 제도이다. 그러나 비조합원의 고용은 가능하지만 조합원에 대하여는 보너스, 승진 등 고용상의 우대를 주는 제도이다.

✔ 메인티넌스 멤버십 숍(maintenance of menbership shop)제

조합원유지 숍제도라고 한다. 일단 단체협약이 체결되면 기 조합원은 물론 단체협약이 체결된 이후에 가입한 조합원도 협약이 유효한 기간동안은 조합원자격을 유지하여야 하는 제도를 말한다. 따라서 노동조합에 가입이 되면 일정기간 동안 조합원으로서 머물러 있어야 한다는 제도이다. 조합원 회원제도라고 하며 탈퇴할 수 없다.

표 3-1 노동조합 가입방법

	조직화의 유형	특 징
기본적 숍 제도	오픈 숍제 (open shop)	① 고용관계: 노동조합에 가입한 조합원, 비조합원 모두 고용할 수 있는 제도 ② 노동조합의 가입이 고용조건이 아닌 제도 ③ 노동조합의 약화수단
	유니언 숍제 (union shop)	① 고용된 노동자는 일정기간 중에 조합원이 된다. ② 고용후 30일 이내에 노동조합에 가입한다(통례). ③ 모든 종업원이 노동조합원이 된다.
	클로즈드 숍제 (closed shop)	① 고용조건이 노동조합원을 전제 ② 단체협약으로 채용, 해고 등 노동조합이 주도 ③ 강력한 노동조합의 힘이 강조
변형적 숍 제도	대리기관 숍제 (agency shop)	① 조합원이 아니라도 모든 종업원에게 노동조합이 조합비를 징수하는 제도 ② 비조합원도 조합비를 납부하고 혜택을 향유
	우선 숍제 (preferential shop)	① 채용에 있어 노동조합원에게 우선순위를 주는 제도 ② 조합원은 고용상의 우대를 주는 제도
	조합원유지 숍제 (maintenance of menbership)	① 노동조합에 가입이 되면 일정기간 동안 조합원으로 머물러 있어야 하는 제도 ② 단체협약 체결불문하고 협약이 유효한 기간 조합원 자격유지

자료: 김성수(1997), 산업평화정착을 위한 신노사관계론(신고증보판), 법경사, pp. 117~119.

노동조합비 징수제도: 노동조합 운영의 재원확보방법

노동조합이 조직체로서 세력과 힘을 가지기 위해서 양적(量的)인 조합원수의 확보와 질적(質的)인 조합운영을 위한 재원을 어떻게 확보하느냐의 문제는 중요한 과제로 나타나고 있다.

이러한 재원의 확보방법으로서 대부분의 경우는 체크 오프제도(check-off system)가 있다.

단체협약상에 사용자의 동의가 있으면 노동조합은 그의 세력 확보의 수단으로서 체크 오프(check-off)의 조항을 둘 수 있다.

■ 체크오프제

노동조합의 조합비 : 회사의 급여계산시에 월급에서 일괄 공제하여 노동조합에 인도하는 방법

노동조합은 조합비를 징수하기 위해서 조합원 개개인에게 조합비를 징수하는 방법과 회사의 급여계산시에 월급에서 일괄 공제하여 노동조합에 인도하는 방법이 있다. 이 경우 후자를 체크 오프제도라고 한다.

우리나라 노조법(노동조합 및 노동관계조정법 제22조)은 조합원의 권리와 의무조항에서 "노동조합의 조합원은 균등하게 그 노동조합

의 모든 문제에 참여할 권리와 의무를 가진다. 다만, 노동조합은 그 규약으로 조합비를 납부하지 아니하는 조합원의 권리와 의무를 제한할 수 있다"라고 규정하고 있어 조합비 납부의무를 명백히 하고 있다.

그리고 구 노동조합법 제24조의 조합비항목에는 "노동조합의 조합비는 매월 그 조합원임금의 100분의 2를 초과할 수 없다"고 규정하여 조합원들에 대한 조합비 의무부담을 확실히 하고 있으며, 한편으로 근로자들의 조합비의 과중한 부담을 경감하고자 하는 의미도 담고 있다. 그리고 현재 노동조합 및 노동관계조정법은 조합비의 상한규정을 삭제하였다. 하지만 세계각국 노동조합은 조합비를 대부분 $\frac{0.8}{100} \sim \frac{2}{100}$를 초과할 수 없도록 제한하고 있다.

노동조합에는 어떠한 기능이 있는가?

첫째, 경제적 기능이 있다.

경제적 기능이란 단체교섭과 경영참가를 중심으로 한 조합활동이 중심과제이며 노동쟁의도 여기에 속한다. 노동조합이 사용하는 쟁의수단은 산업적 기능의 구성부분이다. 즉, 단체교섭은 노동조합의 산업적 기능의 평화적 형태이며 노동쟁의행위는 산업적 기능의 전시적 형태라고 말할 수 있다.

그런데 노동조합의 쟁의수단으로 동원되는 쟁위형태는 ① 파업, ② 피켓팅, ③ 태업(sabotage), ④ 불매동맹(boycott), ⑤ 생산관리, ⑥ 준법투쟁 등이 있고 사용자가 주로 사용하는 쟁의수단은 공장폐쇄(lock-out)가 있다.

경제적 기능은 노동쟁의가 목적이 아니라 생산성(生産性)있는 단체교섭의 평화적 무드조성과 노사당사자들의 단체교섭의 평화적 타결이 중심적 과제가 된다.

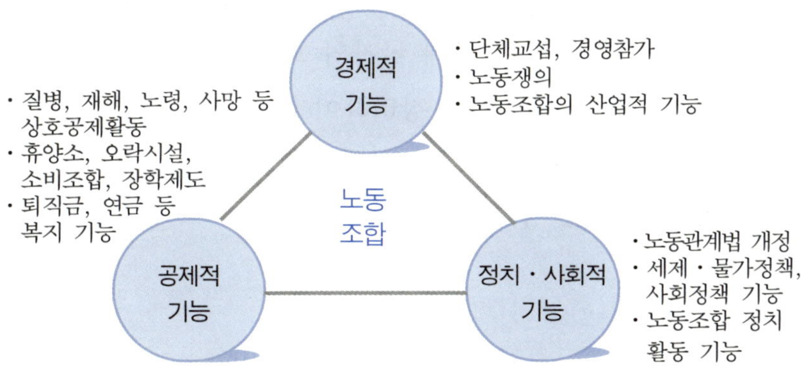

그림 3-2. 노동조합의 기능

둘째, 공제적 기능이 있다.

공제적 기능이란 조합원들이 질병, 재해, 노령, 사망, 실업 등으로 노동능력을 일시적 또는 영구적으로 상실될 때를 대비하여 조합이 기금을 설치하여 상호공제하는 활동을 말한다.

노동조합이 조합원을 위하여 병원·진료소 등을 건립·운영하는 것을 비롯하여 주택공급사업, 휴양소, 오락시설, 소비조합, 장학제도, 퇴직금, 연금 등 여러 가지 공제적·복지후생적 활동을 광범위하게 전개하는 기능이다. 따라서 오늘날 노동조합이 중요시 하는 것은 부가급부(fringe benefit)로서 이는 공제·복지규정을 단체협약을 통하여 결정함으로써 사용자나 국가로부터 사회보험, 사회보장제도를 많이 확보하자는 데 있다.

이 공제적 기능은 선진국 노조에서도 핵심적 기능으로 삼고 있지만 오늘날에 와서는 제3세계 국가의 노조들이 소비조합, 신용조합, 농업협동조합운동 등을 장려하여 공제사업의 활동을 확대시키고 있으며 이를 통한 노동조합원의 상호부조의 역할과 노조의 조직강화를 하고 있다.

셋째, 정치·사회적 기능이 있다.

정치·사회적 기능이란 임금·근로조건의 개선을 위한 노사간의 교섭과 분쟁을 조정하고 해결하며 노동관계법을 비롯한 모든 노동법령의 제도 및 개정, 세제, 물가정책, 사회보험제도 기타 사회정책 등 경제사회정책에 관한 노동조합의 복지적 활동 등 근로자의 생활향상을 위해서 활동하는 것을 의미한다.

경제적 기능이 경영자와의 교섭을 통해 나타나는데 대해 정치적 기능은 그 상대가 경영자가 아니라 주로 국가나 사회단체이며 더욱이 교섭이라는 형식을 취하지 않는다. 따라서 오늘날 이 정치적 기능은 정부의 노사관계에 대한 간섭과 개입이 시작되어 임금·근로조건의 결정 등이 정부에 의해 좌우되는 경지에 이르러 그 중요성을 더해가고 있다.

예를 들면, 최저임금제의 입법화, 근로시간의 단축추진, 사회보험이나 사회보장의 요구 등은 노동조합의 국가정치활동기능을 통한 정부에 대한 요구로 나타난다.

특히 노동조합의 단결권·단체교섭권·쟁의권을 금지하거나 제한하고자 하는 입법, 노동조합법이나 근로기준법의 개악반대운동 등도 정치적 기능에 속한다. 우리나라 노동조합의 정치활동기능은 1998년 2월 6일 노사정의 대타협으로 합법화되었다.

이상과 같이 종래 노동조합의 기능을 흔히 ① 공제적 기능, ② 경제적 기능, ③ 정치·사회적 기능으로 분류하고 있다. 노동조합의 기능을 이와 같이 셋으로 분류하는 것은 우선 간단 명료하다는 장점이 있다.

노동조합의 형태는 어떻게 구분되었는가?

직업별 노동조합

직업별 노동조합은 동일한 직능을 갖는 근로자가 자기의 경제적 이익을 확보하기 위하여 결속한 횡적 조직체로서 노동운동사상 가장 일찍 발달한 조직형태이며, 이를 직업별 노동조합이라고도 한다. 이것은 인쇄공조합, 목공조합, 선반공조합 등과 같이 숙련근로자가 중심이 되어 '직업독점'과 '노동력의 공급제한'을 목적으로 하는 데 특색이 있다.

직업별 노동조합은 영국에서 일찍부터 발전하였으며, 미국의 AFL (American Federation of Labor)을 비롯하여 지금도 각국에서 그 유형을 볼 수 있다. 이 조직의 장점은,

① 동일한 직종을 가지는 근로자로서 조직되기 때문에 단체교섭 사항과 그 내용이 명확하다.

② 근로자로서의 연대의식이 강하기 때문에 조직의 단결력이 공고하여 어용화될 염려가 없다.

③ 직장단위가 조직의 중심이 아니므로 실업자라 하더라도 조합가입이 가능하고, 조합원의 실업을 예방할 수도 있다.

직업별노동조합 단점은,

① 지나치게 배타적이고 독점적이어서 산업사회에 있어서 전체근로자의 분열을 초래할 염려가 있으며, 근로자 전체의 경제 및 사회적 지위의 향상을 위해서는 적당치 않다.
② 기업을 초월한 조직이기 때문에 조합의 자주성은 지킬 수 있으나 사용자와의 관계가 너무 희박하다.

따라서 직업별 노동조합의 기본원리는 다음과 같은 두 가지로 집약된다.

하나는 기득권론으로서 기득이익주의이고 그 다음이 수요공급론으로서 노동력의 공급량을 제한함으로써 사용자를 압박하는 주의들이다. 전자는 조합원이 획득한 숙련기능에 대한 강력한 기득권 의식을 가지며 후자는 도제제도를 통하여 노동력의 공급제한을 하려고 하는 것이다.

여기서 중요한 역할을 하는 것이 도제제도와 무자격자에 대한 규제이다. 즉, 조합은 엄격한 도제제도를 설치하여 도제의 수와 기능습득기간을 정하고, 그들의 임금수준을 낮게 함으로써 숙련근로자의 과잉화를 방지하는 동시에 조합원의 임금수준을 높은 수준으로 확보한다. 그리고 도제기간이 경과하지 않는 자는 전부 무자격자로서 조합원의 직장에서 배척한다.

산업별 노동조합

산업별 노동조합은 직종·계층에 관계없이 기업을 초월하여 동일산업에 종사하는 모든 근로자가 하나의 노동조합을 구성하는 조직형태이다.

예컨대, 전자산업, 자동차산업, 철강산업 등에 종사하는 근로자가 자기가 종사하는 기업 또는 직종에 관계없이 자신이 속하는 산업을 중심으로 조합을 조직하는 형태를 말하는 것이다. 역사적으로 볼 때 산업별 노동조합은 직업별 노동조합이나 일반노동조합보다 늦게 발달한 조합이며 미숙련근로자가 노동시장을 수적으로 크게 차지하게 됨으로써 이들의 조직화를 위하여 발달한 조직형태이다.

오늘날 대부분 선진국가에 있어서는 노동조합의 조직형태가 산업별 노동조합이 압도적으로 많게 나타나고 있다.

그 이유로는 산업별 노동조합이 첫째, 기업과 직종을 초월한 조직이기 때문에 조합원수에 있어서 거대한 조직이 되며, 따라서 단결력을 강화시켜 커다란 압력단체로서의 지위를 확보할 수 있다는 점, 둘째로는 산업의 발전에 따른 자본의 집중화의 진행에 대응하여 교섭력의 산업적 통일화를 유지할 수가 있기 때문이다.

그러나 이와 반대로 ① 각 산업별 조직의 내부에서 직종간에 이해대립과 반목을 초래할 염려가 있으며, ② 이와 관련하여 조직이 형식적인 단결에 그치면 큰 힘을 발휘할 수 없다.

기업별 노동조합

기업별 노동조합은 동일한 기업에 종사하는 근로자로서 조직되는 노동조합을 말한다. 기업별 노동조합은 기업을 단위로 하여 직종이나 산업은 고려되지 않는다. 기업별 노동조합은 일반적으로 근로자의 의식이 아직 횡단적 연대의식을 뚜렷이 갖지 못하는 단계에서 조직되거나 동종산업 또는 동일직종이라 하더라도 그 단위기업간의 시설규모나 지불능력의 차이로 말미암아 기업격차가 큰 곳에서 많이 나타난다. 뿐만 아니라 기업별 노동조합은 횡단적 노동조직이 자기 기업으로 확대되는 것을 방지하고, 이에 대항하기 위하여 사용자측이 앞장서 조직하게 하는 경우도 적지 않다.

그러나 기업별 노동조합은 다음과 같은 장점도 갖는다.

첫째, 조합원이 모두 당해 기업의 종업원이기 때문에 근로조건을 통일적·종합적으로 용이하게 결정할 수 있다.

둘째 노동조합이 평소 회사사정에 정통하므로 무리한 요구로 인한 노사분규가 나타나지 않는다.

셋째로는 사용자와의 관계가 밀접하기 때문에 노사공동체의식을 통한 노사협조에 공헌할 수 있다는 점을 지적할 수 있다.

기업별 노동조합이 단점으로서 가장 우려하는 것은

첫째, 조합원이 모두 사용자와 종속관계에 있는 종업원이기 때문에 노동조합이 쉽게 어용화 또는 반조합화를 꾀할 수 있다는 점이다.

둘째, 당해 기업내에 있어서의 직종을 무시한 조직이므로 각 직종간의 구체적인 요구조건을 공평하게 처리하기 어렵고, 이로 인하여 직종간의 반목과 대립을 초래할 염려가 있다.

셋째로는 종업원만이 노동조합에 가입할 수 있으므로 유니언 숍(union shop)협정이 체결되어 있을 때에는 특정한 노조가 조직을 독점할 가능성이 있다는 점을 생각지 않을 수 없다.

우리나라는 1980년 노동조합법의 개정으로 인하여 모두 실질적인 기업별 조직으로 개편되었다. 기업별 노동조합은 또한 일본에서 크게 발달하고 있는데 그 이유로서는 ① 종신고용제, ② 만성적 실업, ③ 노동시장의 이중구조, ④ 가족 중심 和·忠의 사고방식에 기인한다고 보기 때문이다.

일반노동조합

일반노동조합은 영국에서 직업별 노동조합에 이어 일찍부터 발달하였으며, 미국의 노동기사단(knights of labor)을 비롯하여 지금도 AFL-CIO (American Federation of Labor and Congress of Industrial Organizations) 산하의 일부 노동조합은 일반노동조합이라 할 수 있으며, 일본에서도 그 예를 볼 수 있고, 또한 우리나라의 경우에는 종전의 연합노동조합과 같은 것이 이에 해당된다.

일반노동조합은 '숙련'이나 '직능'에는 관계없이, 하나 내지 수개의 산업에 걸쳐 흩어져 있는 일반 근로자들을 폭 넓게 규합하는 노동조합의 형태이다.

특히 초기단계에 있어서는 직업별 노동조합에서 배제된 미숙련근로자들이 중심이 되어 자신들의 입장을 옹호할 목적으로 조직된 것이었다. 또 한편으로는 근대산업이 종래의 개인적 기능이나 숙련노동을 필요로 하지 않고, 점차 생산작업의 분업화 · 자동화 · 표준화 또는 계층별 특수화로 확대됨에 따라 일반 근로자들이 이른바 노동의 대체성을 보장받으면서, 점차 산업분야에서 주체의식을 확고히 하게 되어 나타났다.

이러한 일반노동조합의 특징은,

첫째, 주체성과 능률을 확보하는데 필요한 독립된 최저한도의 권리, 즉 생활임금의 원리를 기초로 한다.

둘째, 노동생활을 영위하기 위한 최저생활의 필요조건을 확보하는 것으로, 안정된 고용의 확보, 근로시간의 최고한도규제, 임금의 최저한도규제 등이다.

셋째, 조직상의 주체적 약체성 때문에 입법규제를 중시하는 점이다.

그러나 이러한 노동조합은 두 가지 문제점을 지적할 수 있다.

① 조합민주주의가 희박하다는 점이다.

대부분 조합원이 극히 유동적이고 조직된 교육과 훈련을 거치지 않은 창조적 근로자를 결속시켜야 하는데, 그런 의식이 미약하여 강력한 지도체제가 요구된다. 여기에 중앙집권적 관료체제가 등장할 수 있는 요소를 배제할 수 없다는 점에서 조합민주주의가 희박해진다고 진단할 수 있다.

② 단체교섭기능이 허약하다는 점이다.

이 노동조합은 양적으로는 팽창할 수 있으나 통일과 단결이 약하며 이해관계를 달리하는 특수계층 집단의 결합으로 인하여 종합적 · 공통적 의견이 어려우며, 특히 노사간의 이해가 달려 있는 임금 · 근로조건 등 경제적 · 물질적 중요한 이슈에 대한 단체교섭기능에서 모든 역할을 다할 수 없다는 단점도 가지고 있다.

결합방식에 의한 노조형태

노동조합의 조직형태는 지금까지 고찰한 단위조직을 중심으로 그 조직에 참여하는 구성원의 자격유형에 따라 구분한다. 그러나 노동조합은 단위조직의 결합방식의 유형에 따라 구분하기도 한다.

표 3-2 노동조합의 형태

특성 \ 형태	산업별 노동조합	직업별 노동조합	기업별 노동조합	일반노동조합
조직원리	· 1산업 1조합 · 횡단적	· 1직업 1조합 · 횡단적	· 1기업 1조합 · 종단적	· 전산업 1조합원 · 횡단적
조직기반	· 반숙련공 · 미숙련공	· 숙련공	· 기업	· 미숙련공 · 잡업업근로자
조직성격	· 개방적 (유니언 숍)	· 완전폐쇄적 (클로즈드 숍)	· 폐쇄적	· 완전개방적
조직관리	· 조합민주주의	· 공제활동 · 중앙집권화	· 복지활동 · 조합민주주의	· 중앙집권적 관료주의
노동시장 통제방법	· 단체교섭 · 파업 · 경영참가	· 직업독점 · 도제제도	· 노사협의 · 단체교섭	· 입법규제 · 단체교섭 · 파업
조직의 시대적 적응	· 기계생산시대 · 작업분업화시대	· 산업자본시대 · 초기공업시대	· 노사대립의 시대 · 노사갈등의 시대	· 미숙련 다수의 등장시대 · 시대적요청 특수노조(공무원, 청년 노조 등)

자료: 김성수 교수 정리

결합방식에 의한 유형으로는 단일조직, 연합체조직 및 협의체조직이 있다. 단일조직은 개인가입의 결합방식을 취하는 것이며, 연합체조직 및 협의체조직은 단체가입의 결합방식을 취한다. 구미제국에 있어서 직업별 노동조합은 원칙적으로 연합체조직이며, 산업별 노동조합과 일반노동조합은 단일조직을 이루고 있다. 국제기준의 노동권보장이란 입장에서 결합방식에 의한 형식과는 다르지만 복수노조는 허용되고 있다.

복수노조의 허용문제

우리나라의 복수노조설립은 2011년 7월부터 허용되었다. 복수노조가 허용되는 국가는 많다. 그리고 단체교섭의 창구는 반드시 일원화하고 있다. 자칫 복수노조는 노-노갈등의 원인이 되어 기업성장의 결정적 문제점을 노출할 수 있다. 특히 복수노조 때문에 기업이 망하고, 국가산업발전에 크게 장애가 되어 사회가 혼탁한 사례가 제2차 세계대전 이후에 영국을 비롯 많은 국가에서 나타나고 있었다. 때문에 노사정 또는 노·사·관·민 등 사회적 협의가 체결되어 국가발전의 저해요인을 막고 있다. 특히 이데올로기 투쟁으로 파급되는 국가에서는 국가존립의 문제까지 대두되기 때문에 복수노조의 허용을 금지시키는 방법이 정설이라고 주장하기도 한다. 복수노조이던 단수노조이던 노동3권이 보장되고 사용자와 교섭에 대한 창구의 일원화가 형성되고, 산업평화가 이룩될 때 21세기 글로벌시대, 노사화합으로 기업은 지속적으로 성장할 것이며, 국가경쟁력이 향상될 것이다.

4

FOCUS

노동조합의 자격과 요건을 잘 알아야 한다.

- 노동법에 규정된 노동조합의 자격
- 노동조합의 실질적 요건은 무엇인가?
- 노동조합의 조세면제 · 차별대우 금지

4

FOCUS

노동조합의 자격과 요건을 잘 알아야 한다.

노동법에 규정된 노동조합의 자격

노동조합의 자격에 관해서는 「노동조합 및 노동관계조정법 제2조」에 명시되어 있다.

이 노동법 제2조 4항에 의하면 "노동조합이라 하면 근로자가 주체가 되어 자주적으로 단결하여 근로조건의 유지·개선 기타 근로자의 경제적·사회적 지위의 향상을 도모함을 목적으로 조직하는 단체 또는 그 연합단체를 말한다"고 규정함으로써 노동조합의 자격요건을 제시하였다.

또한, 제2조 4항의 단서에서는 노동조합의 결격요건을 규정하고 있다. ㉮ 사용자 또는 항상 그 이익을 대표하여 행동하는 자의 참가를 허용하는 경우, ㉯ 그 경비지출에 있어 주된 부분을 사용자의 원조를 받는 경우, ㉰ 공제·수양 기타 복리사업만을 목적으로 하는 경우, ㉱ 근로자가 아닌 자의 가입을 허용하는 경우, 다만, 해고된 자가 노동위원회에 부당노동행위의 구제신청을 한 경우에는 중앙노동위원회의 재심판정이 있을 때까지는 근로자가 아닌 자로 해석하여서는 아니된다. ㉲ 주로 정치운동을 목적으로 하는 경우 등을 노동조합의 결격요건으로 규정함으로써, 이에 해당하는 노동단체에 대해서는 노동조합이 아니라고 하고 있다.

이와 같이 노동조합이 노동법상 적격한 노동조합으로 인정받기 위해서는 노동조합 및 노동관계조정법 제2조 노동조합의 실질적 제반요건을 갖추어야 하며, 또한 노동조합 및 노동관계조정법의 각 규정에 의한 신고증의 교부, 서류비치 등 형식적 요건을 갖추어야 한다.

노동조합의 실질적 요건은 무엇인가?

노동조합 및 노동관계조정법 제2조 4항에 규정된 노동조합의 요건을 적극적 요건과 소극적 요건 등으로 구분할 수 있는데, 전자는 법 제2조 본문규정을 말하고, 후자는 법 제2조 단서조항의 결격요건을 말한다.

먼저 노동조합의 적극적 요건을 살펴보자.

노동조합은 근로자가 주체가 되어 자주적으로 조직한 단체이어야 하는데, 이를 조직상의 요건이라 한다. 여기서 근로자라 함은 직업의 종류를 불문하고 임금·급료 기타 이에 준하는 수입에 의하여 생활하는 자를 말한다.

한편, 근로자가 '주체가 되어' 조직하는 단체라고 함은 근로자로서 조직되고 제3자 특히 근로관계의 당사자인 사용자로부터의 독립성을 유지하는 단체라는 뜻이다. 또한, '자주적으로' 조직하는 단체라고 함은 대내적으로 근로자가 스스로의 의사에 의하여 조직하고, 대외적으로는 그 운영에 있어서 사용자는 물론 행정관청, 정당, 또는 교회 등으로부터 독립할 것을 요건으로 한다.

노동조합은 위에서 지적한 조직상의 요건을 갖추고 있는 단체로서 근로자의 근로조건의 유지·개선 등을 목적으로 하는데, 이를 목적상의 요건이라 한다. 이러한 목적을 달성하는 방법으로는 사용자와의 단체교섭·단체협약의 체결 그리고 쟁의행위 등이 있다. 한편, 노동조합이 근로조건의 유지·개선이라는 경제적인 목적을 주목적으로 하는 한 부차적으로는 공제·복리, 문화적인 사업을 하는 것은 무방하지만, 주목적으로 하는 것은 절대 안된다.

다음 노동조합의 소극적 요건(결격요건)을 살펴보자.

노동조합이 노동법상 조합으로 인정받고자 한다면 당연히 노동조합 및 노동관계조정법 제2조 단서조항에서 규정하는 다음과 같은 결격요건에 해당되지 않아야 한다.

① 사용자 또는 항상 그의 이익대표자가 참가하지 않아야 한다.

이것은 조합의 결성·운영에 있어서 노동조합의 자주성을 확보하고, 어용화를 방지한다는 의미인 것이다. 여기서 사용자의 이익을 대표하는 자의 범위에 관하여는 다음과 같은 관리자층에 해당하는 자를 지칭할 수 있다. 일반적으로는 기업의 조직에서 인사·급여·후생·노무관리 등 근로조건의 결정이나 업무명령·지휘감독 등의 사항에 관하여 사업주로부터 직·간접으로 일정한 책임과 권한이 부여된 자를 이익대표자라고 할 수 있다. 보통 부장, 차장, 과장급 이상은 그 소속을 불문하고 모두 이에 해당된다. 그리고 인사과, 노무과, 기획과 등의 스탭(staff)에서 일하는 대리급 이상과, 중역실의 비서 등은 모두 포함된다고 보고 있다. 특히 관리자층이 아니라 하더라도 기업의 정책·전략 수립에 참여하거나 사용자의 직접 지휘하에 각종 기밀·정보를 수행하는 자 등도 포함시키고 있다.

② 조합경비의 주된 부분을 사용자로부터 원조를 받지 않아야 한다.

이는 조합의 자주성을 확보하고 어용화를 방지하자는데 그 뜻이 있다. 여기서 경비라고 함은 조합운영을 위한 경비이므로 조합사무소의 설비·비품 등의 비용과 인건비, 특히 조합의 전임자 급여지급시 사용자가 처벌받도록 되어 있다.

③ 공제·수양 기타 복리사업만을 목적으로 하지 않아야 한다.

노동조합은 경제적인 목적을 제1차적인 목적으로 하는 근로자의 단체이므로 이를 도외시하거나 이를 무시하고 공제·수양 또는 복리사업만을 목적으로 하는 경우에는 노동조합이라고 할 수 없다는 것이다.

④ 근로자가 아닌 자의 가입이 허용되지 않아야 한다.

여기서 근로자의 범위에 관하여 실업중인 근로자도 포함되느냐가 문제가 된다. 노동조합법에 있어서의 근로자는 근로기준법에 있어서의 근로자와는 달리 실업 중인 근로자도 포함하는 개념이다. 또한, 직업별 노동조합 및 산업별 노동조합에 있어서는 실업 중인 근로자에게도 구성원의 자격을 부여하고 있는 것이 일반적이다. 그러나 우리나라에 있어서는 개정노동조합법에 의하여 조합의 설립은 기업별 조직을 원칙으로 하고 있기 때문에 실업 중인 근로자가 노동조합에 가입할 수 없는 것이며, 만일 가입하면 제3자의 개입이라는 문제가 제기될 것으로 볼 수 있다. 다만, 해고된 자가 노동위원회에 부당노동행위의 구제신청을 한 경우에는 중앙노동위원회의 재산판정이 있을 때까지는 근로자로 해석한다.

⑤ 주로 정치활동을 목적으로 해서는 안된다.

노동조합은 정치성을 띤 정치운동을 할 수 없도록 되어 있다. 노동조합 및 노동관계조정법 제2조 4항 마호에 의하여 주로 정치운동을 목적으로 해서는 안된다고 규정하고 있다. 노동조합은 조합원의 공익을 위하여 정당에 가입할 수 없으며, 정당을 목적으로 조합비를 징수하는 행위 그리고 노동조합기금을 정치자금에 유용하는 행위는 금지하고 있다. 특히 특정정당의 파당성을 띤 선거행위를 집단적으로 해서는 안된다. 이는 자본주의 성격의 개인적 의사존중이 중요하다는 판단 때문이다.

표 4-1 노동조합 자격의 결격요건

결격요건	내 용
1. 사용자, 이익대표자가 참가하지 않는다.	조합의 결성, 운영, 노동조합의 자주성 확보 어용화 방지
2. 조합경비를 사용자로부터 원조를 받지 않는다.	인건비, 노동조합의 전임자 급여지급은 불법 조합사무소의 설비, 비품 경비 원조불가
3. 공제, 수양 기타 복지사업 등을 목적으로 하지 않는다.	경제적 목적이 제1차적 목적, 이를 무시, 도외시하고 공제, 수양 등 복지사업만 목적으로 해서는 안됨
4. 근로자가 아닌 자의 가입이 허용되지 않아야 한다.	소속 회사의 근로자이어야 한다. 제3자의 개입이라는 문제가 제기되지 않아야 한다.
5. 정치활동을 목적으로 해서는 안된다.	정치적 목적의 금지

노동조합의 조세면제 · 차별대우 금지

우리나라의 노동조합 및 노동관계조정법은 ① 노동조합의 조직 · 가입, ② 법인격의 취득, ③ 노동조합의 보호요건, ④ 조세의 면제, ⑤ 차별대우의 금지 등을 규정하고 있다. 이를 자세히 살펴보면 다음과 같다.

노동조합의 조직과 가입

근로자는 자유로이 노동조합을 조직하거나 이에 가입할 수 있다. 다만, 공무원과 교원에 대하여는 따로 법률로 정한다고 규정하고 있다.

노동조합의 조직에 대하여 근로자수를 제한하지 않았다. 노동조합의 가입도 자유로이 허용하고 있다. 그러나 지난날 우리나라는 공무원과 교원에 대해서는 따로 법률로 정하여 노동조합의 조직과 가입을 허용하느냐, 아니면 일부 허용하고 불허하느냐 등의 논란이 많았다.

공무원이 노동조합을 조직하고 가입하여 근로자로서의 자격을 갖는 국가도 있고, 교원이 노동조합을 조직하고 가입하여 근로자로서의 자격을 갖는 국가도 있으며, 그렇지 않는 국가도 있어 국가의 안보적·정치적·사회적 특성상의 환경에 따라 달라질 수 있다.

우리나라는 현재 공무원노조가 있다. 그리고 전교조가 있다. 특히 공공부문, 즉 연료, 철도, 가스, 발전, 전력기술, 고속철도 등의 노조의 조직과 공무원노조인 공무원노동조합총연맹과 전국공무원노동조합이 결성되는 등 공공부문의 노동운동을 하고 있다.

그러나 선진국에서 국민의 생활과 밀접한 관계가 있는 연료, 철도, 가스, 발전, 고속교통, 의료, 학교, 방위 등의 노조는 국민의 지지를 받지 않고서는 성공할 수 없으며, 이 분야의 노조원들은 산업평화의 의식을 중요시 여기고 있다. 우리나라의 공공부문 노조도 산업평화 의식이 높은 직원들로 채용되어 노사관계가 산업평화적 협력의 방향으로 개선되기 바란다.

노동조합의 법인격 취득

노동조합은 그 규약이 정하는 바에 따라 법인으로 할 수 있다.

노동조합은 당해 노동조합을 법인으로 하고자 할 경우에는 대통령령이 정하는 바에 의하여 등기를 하여야 한다. 그리고 법인(法人)인 노동조합에 대하여는 이 법에 규정된 것을 제외하고는 민법 중 사단법인에 관한 규정을 적용한다.

노동조합의 보호요건

노동조합 및 노동관계조정법에 의하여 설립된 노동조합이 아니면 노동위원회에 노동쟁의의 조정 및 부당노동행위의 구제를 신청할 수 없다. 이 규정은 노동조합 및 노동관계조정법 제81조 제1호 제2호 및 제5호의 규정에 의한 근로자의 보호를 부인하는 취지로 해석되어서는 안된다. 그리고 이 법에 의하여 설립된 노동조합이 아니면 노동조합이라는 명칭을 사용할 수 없다(제7조).

지방 하부조직으로부터 분열한 신조합이 다수가 되어도 전체로서의 조합이 통일적 조직체로서 존속하고 있는 이상은 집단적 탈퇴에 불과하다.

노동조합의 조세면제

모든 노동조합에 대하여는 그 사업체를 제외하고는 세법이 정하는 바에 따라 조세를 부과하지 아니한다(제8조). 따라서 모든 노동조합은 조세가 면제되며 노동조합활동을 자유로히 한다. 어떠한 경우도 노동조합에 대하여 과세해서는 아니된다.

노동조합원의 차별대우의 금지

노동조합 및 노동관계조정법은 "노동조합원은 어떠한 경우에도 인종 · 종교 · 성별 · 정당 또는 신분에 의하여 차별대우를 받지 아니한다"고 규정하고 있다. 이 규정은 조합가입 후의 차별대우를 금지하는 것일 뿐만 아니라 조합가입에 있어서도 차별대우를 금지하는 것이라고 해석된다.

따라서 노동조합은 가입자격에 관하여 특정분야의 근로자의 경제적 이익의 옹호를 위하여 직종과 직위에 대하여 일정한 범위를 설정할 수 있다고 하더라도 직업상의 지위나 자격과는 관계없는 종교나 정치적 신조 등을 이유로 차별대우를 하여서는 아니될 것으로 본다.

노동조합의 설립 신고

노동조합 및 노동관계조정법(제10조)에 의하면 "노동조합을 설립하고자 하는 자는 다음 사항을 기재한 신고서에 (제11조의 규정) 규약을 특별시 · 광역시 · 도에 걸치는 단위노동조합은 특별시장, 광역시장, 도지사에게 제출하여야 한다. 2명 이상이면 노동조합은 설립한다.

① 명칭, ② 주된 사무소의 소재지, ③ 조합원수, ④ 임원의 성

명과 주소, ⑤ 소속된 연합단체가 있는 경우에는 그 명칭, ⑥ 연합단체인 노동조합에 있어서는 그 구성노동단체의 명칭, 조합원수, 주된 사무소의 소재지 및 임원의 성명·주소 등을 기재한다. 여기에서 규정한 연합단체인 노동조합은 동종산업의 단위 노동조합을 구성원으로 하는 산업별 연합단체와 전국규모의 산업별 단위 노동조합을 구성원으로 하는 총연합단체를 말한다.

노동조합규약의 모든사항을 기재한다.

노동조합은 그 조직의 자주적·민주적 운영을 보장하기 위하여 당해 노동조합의 규약에 있는 모든 사항을 기재한다(노동조합 및 노동관계조정법 제11조(규약) 참조).

한 가지 지적하고자 하는 것은 탈퇴에는 조합의 승인을 요하는 뜻의 조합규약 조항은 무효이다.

노동조합의 설립에 대한 설립신고주의 채택

노동조합 및 노동관계조정법의 규정에 의해 설립신고증(設立申告證)을 접수한 때에는 3일 이내에 반드시 신고증을 교부하여야 한다. 이와 같이 설립신고를 하고 신고증을 받도록 규정함으로써 우리나라는 노동조합의 설립에 대하여 설립신고주의를 채택하고 있다.

그러나 이러한 설립신고제도는 노동조합의 자유로운 설립에 대하여 제한이 되어왔다. 따라서 노동조합의 설립에 있어서는 자유설립제도인 자유설립주의를 원칙으로 하는 신고제도가 가미되어야 한다. 이와 같은 사실은 설립신고서 또는 규약에 기재사항의 누락 등 보완이 필요한 경우에는 대통령령이 정하는 바에 따라 20일 이내의 기간을 정하여 보완을 요구하도록 하고 있어 자유로운 설립에 대하여 제한적 사항으로 지적되고 있다. 그리고 보완된 설립신고서 또는 규약을 접수한 때에는 3일 이내에 신고증을 교부하여야 한다. 행정관청(노동부장관 또는 특별시장·광역시장·도지사 등)은 설립하고자 하는 노동조합이 노동조합의 결격요건이 있거나 기간내에 보완을 요구하지 아니한 경우는 설립신고서를 반려하도록 규정되어 있어, 자유설립제도를 제한하고 있다.

따라서 우리나라 노동조합 및 노동관계조정법(제12조 제4항의 규정)은 노동조합이 신고증을 교부받은 경우에만 설립신고서가 접수된 때로부터 노동조합이 설립된 것으로 본다.

글로벌시대에 맞는 노동조합 운영의 민주성

노동조합은 근로자들의 경제적·사회적 지위향상을 위하여 결성된 자주적인 단체이므로 민주적으로 운영되어야 한다.

오늘날의 일반적인 경향은 노동조합의 운영에 정부가 더욱 깊이 개입하여 노동조합의 자주적 결정에 제약을 가하고 있다. 그동안 노동조합의 운영이 비민주적으로 운영되어 대내적 민주성을 확보하지 못하고 있었으며, 우리나라의 경우도 예외는 아니었다. 사실 노동조합이 대내적 민주성을 잃게 되면 대외적 자주성을 상실하게 되는 것이다.

따라서 노동조합의 운영에 대한 국가의 개입은 계몽적 보호 지도에 그쳐야 할 것이다. 즉, 노동조합의 운영은 원칙적으로 민주화된 노동조합의 자주적 결정에 맡기고, 다만 노동조합의 규약이 법령을 위반하거나 공익을 해할 염려가 있는 경우에만 행정관청(노동부장관 또는 특별시장 · 광역시장 · 도지사 등)은 적절한 조치를 취할 수 있다.

이제 우리나라도 노사질서의 국제화, 노사관계의 세계화에 대응하는 선진노조운영의 민주성을 이루어야 한다. 국제기준의 노동권을 보장하고 노사파트너십을 구축하는 등 글로벌시대에 맞는 노동조합운영의 민주성을 가져야 한다.

노동조합의 운영기구

노동조합의 운영기구로는 ① 전체 의사를 결정하는 의결기관, ② 집행하는 집행기관으로서 위원장, 부위원장, 사무국장 등의 집행위원 또는 집행위원회, ③ 감사기관으로서 회계감사 등을 담당하는 감사위원, ④ 기타 특별기관 등이 있다. 이 중에서도 가장 중요한 것은 의결기관이며, 노동조합법상의 의결기관으로는 총회와 대의원회가 있다.

서류비치

노동조합은 조합설립일로부터 30일 이내에 다음 서류를 작성하여 그 주된 사무소에 비치하여야 한다.

① 조합원명부(연합단체인 노동조합에 있어서는 그 구성단체의 명칭)

② 규약

③ 임원의 성명·주소록

④ 회의록

⑤ 재정에 관한 장부와 서류, 특히 회의록과 재정에 관한 장부와 서류는 3년간 보존하여야 한다(이상 제4조).

총회와 임시총회

① 총회는 노동조합의 최고기관이다. 일반적으로 총회는 조합원 전원에 의하여 구성되지만 조합원 전원의 참가가 어려운 대규모의 조합에 있어서는 총회에 대신하여 대의원회를 둘 수 있다. 총회는 정기총회와 임시총회가 있는데, 정기총회는 매년 1회 이상 총회를 개최하여야 하며, 노동조합의 대표자는 총회의 의장이 된다(제15조).

② 임시총회는 노동조합의 대표자가 필요하다고 인정하는 때와 조합원 또는 대의원의 3분의 1 이상이 소집권자의 지명을 요구한 때에는 15일 이내에 노동위원회의 의결을 요청하고 의결이 있을 때에는 지체없이 회의의 소집권자를 지명하여야 한다. 노동조합의 대표자가 회의의 소집을 고의로 기피하거나 이를 해태한 경우에는 행정관청은 노동위원회의 승인을 얻어 소집권 자를 15일 이내에 지명하여 임시총회를 소집하게 할 수 있다(제18조).

총회의 의결사항

노동조합 및 노동관계조정법에서는 규약의 제정과 변경에 관한사항, 임원의 선거에 관한 사항, 단체협약에 관한 사항, 예산 및 결산에 관한 사항을 비롯하여 노동조합의 운영상 중요하다고 생각되는 사항을 열거하고, 이는 반드시 총회의 의결을 거치도록 하고 있다. 노동조합법에 규정된 사항 이외의 사항에 대해서도 총회의 의결사항으로 규약에 의하여 규정할 수 있음은 노동조합 자치의 원리상 당연한 일이다. 그러나 노동조합의 결의 또는 처분이 노동관계법령 또는 규약에 위반하거나 공익을 해할 염려가 있다고 인정되는 경우에는 행정관청은 노동위원회의 의결을 얻어 그 시정을 명할 수 있다. 시정명령을 받은 노동조합은 30일 이내에 이를 이행하여야 한다. 다만, 정당한 사유가 있는 경우에는 그 기간을 연장할 수 있다.

대의원회

노동조합 및 노동관계조정법(제17조)에서는 노동조합은 규약으로 총회에 대신할 대의원회를 둘 수 있다. 대의원회를 두는 이유는 노동조합의 대규모화, 사업장의 분산, 조합업무의 전문화 등을 들 수 있다. 그리고 총회에 관한 규정이 대의원회에도 준용됨은 물론이다. 대의원은 조합원의 직접·비밀·무기명 투표에 의하여 선출한다. 그리고 대의원의 임기는 규약으로 정하되 3년을 초과할 수 없다.

임원의 선거

노동조합 및 노동관계조정법(제23조)은 임원의 선거에 관한 사항을 총회의 결의사항으로 정하고 조합원의 직접·비밀·무기명 투표에 의하고 있다. 그리고 동법은 노동조합의 임원은 그 조합원 중에서 선출하여야 하며, 일정한 결격사유에 해당되어서는 아니되고 그 임기는 규약으로 정하되 3년을 초과할 수 없다. 그리고 2개 이상의 노동조합의 전임 임원을 겸할 수 없도록 하는 것은 삭제되었다. 이러한 규정은 거의 모두가 신노동법개정으로 신설된 것으로 과거 노동조합의 운영에 있어 민주성에 역행되는 현상이 많았던 것을 시정하기 위한 것이었다고 볼 것이다. 한편, 노동조합의 조합원은 균등하게 그 노동조합의 모든 문제에 참여할 권리를 가진다.

노동조합의 회계감사를 실시해야 한다.

노동조합의 대표자는 그 회계감사원으로 하여금 적어도 6월에 1회씩 당해 노동조합의 회계감사를 실시하여야 한다. 그리고 노동조합의 회계감사원은 필요하다고 인정한 때에는 언제든지 당해 노동조합의 회계감사를 실시할 수 있다(제25조). 노동조합의 대표자는 회계년도마다 결산결과와 운영상황을 공표하여야 하며, 그 조합원의 요구가 있을 때에는 언제든지 이를 공개하여야 한다고 규정하고 있다(제26조). 또한, 노동조합의 재정운영은 주로 정기조합비에 의한 수입에 의존하고 있다. 그러나 우리나라 노동조합은 항상 재정적으로 어려움을 겪고 있다.

조합원의 권리와 의무규정을 두고 있다.

노동조합 및 노동관계조정법(제22조)은 노동조합원의 권리와 의무규정을 두고 있다.

노동조합의 조합원은 균등하게 그 노동조합의 모든 문제에 참여할 권리와 의무를 가진다. 다만, 노동조합은 그 규약으로 조합비를 납부하지 아니하는 조합원의 권리를 제한할 수 있도록 하였다.

조합원의 제재를 조합대회의 의결사항으로 하고 있는 조합규약이 있는 경우에 제재권한을 집행위원회에게 일임한다는 결의에 의하여 동위원회로부터 된 제명은 무효라고 하고 있다.

노동조합의 전임자와 임금지급 문제

노동조합 및 노동관계조정법(제24조)은 노동조합의 전임자 문제를 규정하고 있다. 근로자는 단체협약으로 정하거나 사용자의 동의가 있는 경우에는 근로계약 소정의 근로를 제공하지 아니하고 노동조합의 업무에만 종사할 수 있다. 이 규정에 의하여 노동조합의 업무에만 종사하는 자(이하 전임자라 한다)는 그 전임기간 동안 사용자로부터 급여를 지급받아서는 아니된다고 규정되어 있다.

그러나 노동조합 전임자에 관한 문제는 노동조합 및 노동조합관계법 부칙 6조에 의한 노동조합 전임자에 관한 적용의 특례규정에 따라 사용자는 노동조합 전임자의 급여를 지원하고 있는 사업, 또는 사업장의 경우에는 2010년 7월부터 일정기간 원칙적으로 전임자 임금을 금지하되 타임오프제(근로시간면제제도)를 허용한다.

2013년 7월부터 노동조합규모 50명 이하의 기업에서 노조전임자를 둘 수 있도록 하였다. 그리고 2013년 7월부터 조합원 50명 이하의 경우도 노조전임자를 1명 둘 수 있다.

■ 타임오프제

타임오프제란 유급근로시간 면제, 즉 노동조합원이 근무를 안 해도 임금을 지급받는 시간총량(타임오프)을 정한 제도, 노동법에 따라 2010년 7월부터는 사용자는 타임오프 한도 안에서만 노조전임자 임금을 지급할 수 있으며, 상한선을 넘기면 처벌 받는다. 조합원 300명 이하의 경우 전임자를 2명까지 둘 수 있다.

노동조합의 전임자는 전임기간 동안 사용자로부터 어떠한 급여도 받아서는 안된다고 규정하고 있다. 전임자 급여지급시 사용자는 처벌받도록 되어 있다. 따라서 지금까지 전임자에게 사용자가 급여를 지급한 경우에는 급여지원 규모를 점진적으로 축소하도록 하여야 하며, 노동조합은 재정자립에 노력하여야 한다. 다만 법령이 정한 기준내 급여지원이 가능하도록 개선방안을 찾아야 한다.

참고로 선진국은 무노동 무임금(No work No pay)원칙에 따라 노조전임자는 사용자로부터 임금을 받지 않고 있다. 다만 중소기업 노조 등은 조합비의 부족으로 전임자 임금을 지불할 수 없기 때문에 중소기업 협회 등에서 보조금으로 지원받거나 경영자 단체, 중소기업청 등 정부 관계기관에서 중소기업지원자금을 통해 해결하는 방법도 있다. 또한 타임오프시스템을 통하여 노조활동을 근무시간으로 인정하는 국가도 있다. 이러한 타임오프제도는 전임자가 노동조합의 업무 수행시간을 어느 정도 노동시간제를 인정하는 것으로 노조전임자의 임금을 허용하기도 한다.

노동조합의 결산결과와 운영사항은 투명하게 공개되어야.

노동조합 및 노동관계조정법(제27조)은 노동조합이 행정관청이 요구하는 경우에는 결산결과와 운영사항을 보고하여야 한다. 왜냐하면 노동조합의 운영은 조합비로 지출되기 때문에 모든 자료는 특히 결산결과와 운영사항은 투명하게 공개되어야 한다.

노동조합의 해산사유 규정

노동조합 및 노동관계조정법(제28조)은 노동조합의 해산 사유를 규정하고 있다.

첫째, 규약에서 정한 해산사유가 발생한 경우
둘째, 합병 또는 분할로 소멸한 경우
셋째, 총회 또는 대의원회의 해산결의가 있는 경우
넷째, 노동조합의 임원이 없고 노동조합으로서의 활동을 1년 이상 하지 아니한 것으로 인정되는 경우로서 행정관청이 노동위원회의 의결을 얻은 경우 등은 노동조합을 해산한다.

그리고 규약에서 정한 해산사유가 발생한 경우와 총회 또는 대의원회의 해산결의가 있는 경우로서 노동조합이 해산한 때에는 그 대표자는 해산한 날로부터 15일 이내에 행정관청에 이를 신고하여야 한다.

노동조합 통제권 행사의 정당성

통제권의 정의

노동조합은 사용자에 대한 대항단체로서 근로조건의 유지・개선이라고 하는 목적을 사용자와의 단체교섭・쟁의행위 등의 방법에 의하여 달성하고자 한다. 따라서 노동조합은 견고한 단결력을 보유하여야 하며, 조합원의 통일적・집단적 행위의 전개를 위하여 조합의 지시・명령에 위반하거나 또는 단결의 유지・강화에 반하는 행위를 하는 조합원에 대하여는 제재(징계)를 가하지 않을 수 없다. 이를 노동조합의 통제권이라 한다.

통제권행사의 정당성

노동조합이 내부의 통제를 유지하기 위하여 그 위반자에게 과하는 제재에 관해서는 조합규약에 규정하는 것이 일반적인 현상인데, 그 종류로서는 견책, 제재금의 부과, 권리정지, 제명 등이 있다.

한편, 노동조합의 통제권행사로서의 제재에는 그 이유와 절차에 있어서 정당성이 있어야 한다. 특히 제명은 조합원으로서의 권리와 자격을 박탈하는 것이므로 신중해야 된다. 그리고 부당한 제명은 조합운영의 비민주성을 유발하는 사유가 됨으로써 이는 반드시 총회나 대의원회에서 다루어져야 한다.

✔ 통제권행사의 민주적 공정성

통제권행사에 있어서의 제재절차는 민주적 절차에 의하여 공정성이 확보되도록 마련한다. 조합규약에 제재절차에 관한 규정이 있을 때에는 반드시 이에 따라야 하고, 규약에 이에 관한 규정이 없을 때에는 조합의 본질과 운영의 기본원리에 따라 일정한 절차가 마련되어야 할 것이다. 절차상 중대한 하자가 있을 때에는 그 제재는 무효가 된다. 그리고 제명은 조합원에 대한 축출이기 때문에 규약에서 총회 또는 대의원회의 다수결에 의하여 결정되어야 하고, 무기명투표에 의하여 결정하도록 규정되고 있다.

5

FOCUS

단체교섭의 내용을 잘 살펴보아야 한다.

- 단체교섭이란 무엇인가?
- 단체교섭의 대책을 살펴보자.
- 단체교섭의 기본자세를 갖추어라.

단체교섭의 내용을 잘 살펴보아야 한다.

단체교섭이란 무엇인가?

단체교섭이란 노동조합과 사용자 또는 사용자단체가 근로자의 임금·근로시간·근로조건 등에 관한 협약의 체결을 위하여 대표자를 통해 집단적으로 타협을 모색하고 협약을 관리하는 절차를 말한다.

여기에서 단체라고 하는 것은 근로자들이 집단으로 참여하는 노동조합을 의미하며, 목적달성을 위해 선발된 노조의 교섭대표를 지칭한다. 교섭이란 거래와 협상이라는 형식을 취하게 되어 계약을 체결하는 과정을 말한다. 따라서 이 단체교섭계약은 단체협약으로 이루어지며, 사용자와 근로자의 관계를 협의하여 약정하는 것이다.

이러한 단체교섭이 오늘날 노사관계에서 중요하게 여기게 되는 것은 산업평화의 유지와 노사공존공영의 방향을 유도하는데 불가결한 요소가 되고 있기 때문이다. 따라서 이러한 제도적 장치가 단체교섭제도라고 한다.

단체교섭의 기능은 세 가지로 집약된다.

첫째, 단체교섭은 작업장의 통일된 규칙을 제정하고, 수정하며 또한 관리하는 절차로서의 기능을 갖는다.

둘째, 단체교섭은 근로자 보상의 양을 결정하는 과정으로서, 즉 임금수준을 결정하는 기능을 갖는다.

셋째, 단체교섭은 협약기간중이나 만료시 또는 재 연장시 제기되는 노사분규를 해결하는 방법으로서의 기능을 갖는다.

이러한 기능들은 오늘날 모든 산업사회와 경제가 좋든 싫든 수행하여야 할 기본적인 과정이다. 물론 단체교섭은 노동조합이 있는 사업장만이 효력이 있지만 많은 근로자들이 아직도 노동조합에 가입하지 않고 있기 때문에 사용자가 단체교섭의 대상이 되는 문제에 대하여 일방적으로 결정하게 되는 경우도 있다.

그러나 산업이 발달하고 노사관계가 협력적이고 생산성 향상에 그 중요성을 둔다면 모든 사용자와 근로자는 산업평화를 위한 단체교섭에 더 많은 영향을 받게 될 것이다. 왜냐하면 단체교섭을 통하여 이루어진 규칙과 기준 등의 통일적 표준제도가 노조 미조직사회에 매우 큰 자극과 영향을 주게 되기 때문이다.

단체교섭은 기업경영에 큰 영향을 준다.

첫째, 근로자의 욕구와 불만을 해소한다.

노동조합은 조직내의 근로자 욕구와 불만을 검토하여 집약하고 정책적 배려를 가하여 취사선택한다. 따라서 근로자의 요구를 종합하여 사용자에게 제출함으로써 단체교섭이 행해지게 된다. 만약 단체교섭이 행해지지 않으면 근로자의 욕구나 불만은 여러 가지 형태로 나타나 사기저하는 물론 생산성 저하를 가져오는 결근 또는 이직 등의 원인이 된다.

둘째, 근로조건이 통일적으로 형성된다.

노동조합이 근로자의 힘을 집단적으로 조직하고 통제하며 사용자와 단체교섭을 함으로써 근로조건은 개별적인 근로자에 의하여 제각기 결정되지 않아 통일적으로 형성됨으로써 노사간의 공동체적 의견을 가질 수 있다.

셋째, 경영합리화의 열쇠가 된다.

단체교섭의 중심적 과제는 근로조건의 결정에 있으므로 경영의 제반분야에 중대한 영향을 미치는 경우도 있다.

예를 들면, 단체교섭에 의한 임금수준의 인상은 일단 생산원가의 증대라는 측면에 압박을 가져오지만, 반면에 종업원의 사기앙양과 경영합리화라는 측면에서 생산성 향상이라는 효과도 나타난다. 따라서 단체교섭은 경영의 합리적 조정기능의 열쇠가 되기도 한다.

넷째, 노사간의 공동체의식이 조성된다.

단체교섭을 통하여 노사간의 의사소통을 도모하고 서로 상대방을 이해하며 상호협력무드가 조성되도록 한다. 따라서 근로자는 불만과 욕구가 조정되고, 사용자는 경영의 합리화로 생산성이 향상되어 기업 안에서 노사간의 공동체의식이 조성됨으로써 기업이 발전하게 된다.

단체교섭권은 헌법이 보장하고 있다. -노동3권을 보장하고 있다-

우리나라 헌법은 근로자의 노동3권을 보장하고 있다. 즉, 근로자의 단결권·단체행동권·단체교섭권을 근로자의 기본권으로서 헌법이 보장하고 있는 것이다.

특히 노동조합 및 노동관계조정법은 헌법을 근거로 하여 단체교섭권을 다음과 같이 구체적으로 보장하고 있다.

노동3권 보장

근로자의 '단결권'·'단체교섭권'·'단체행동권' 등 노동3권을 보장하며, 근로조건의 유지·개선 등 근로자들의 경제적·사회적 지위의 향상을 도모하고 노동관계를 공정하게 조정하여 노동쟁의를 예방·해결함으로써 산업평화의 유지와 국민경제 발전에 이바지한다(노조법 제1조).

단체교섭 체결권한

노동조합의 대표자는 그 노동조합 또는 조합원을 위하여 사용자나 사용자단체와 교섭하고 단체협약(노조법 제1조) 체결 권한을 가진다.

노동조합과 사용자 또는 사용자 단체로부터 교섭 또는 단체협약의 체결에 관한 권한을 위임받은 자는 그 노동조합과 사용자 또는 사용자단체를 위하여 위임받은 범위 안에서 그 권한을 행사할 수 있다(노조법 제29조).

단체교섭 권한남용과 협약 체결거부 금지

노동조합과 사용자 또는 사용자단체는 신의에 따라 성실히 교섭하고 단체협약을 체결하여야 하며, 그 권한을 남용하여서는 아니된다.

노동조합과 사용자 또는 사용자단체는 정당한 이유없이 교섭 또는 단체협약의 체결을 거부하거나 해태하여서는 아니된다(노조법 제30조).

단체교섭제도의 유형

단체교섭은 노사의 힘과 노동환경을 배경으로 하는 거래와 협상의 관계이다. 따라서 단체교섭의 방법 또는 형태는 노동운동의 성격과 노동조합의 조직형태에 따라 다음과 같은 여러 가지 상이한 양상을 띨 수 있다.

① 노동조합이 전국적 · 지역적인 규모의 산업별 또는 직업별 조직에 의하여 노동시장에서 정착하고 있는 경우와 한국과 같이 그 조직이 기업별로 되어 있는 경우에는 단체교섭의 방식도 달라진다.

② 기업의 조직에 있어서도 규모의 대소에 따라 달라지며, 노동시장의 단일적 또는 다원적 형태에 따라서도 단체교섭의 방식이 달라진다.

이상과 같은 단체교섭이 행해지는 방향과 당사자의 수에 따라 달라지는 유형과 특징을 보면 〈표 5-1〉과 같다.

표 5-1 단체교섭의 유형과 특징

유 형	개 념	특 징	소속국 또는 소속조합채용
1. 기업별 교섭형	특정기업·사업장단위로 조직된 독립된 노동조합이 단체교섭의 당사자가 되어 당해 기업주(사업주)와 교섭하는 방식, 즉 사업주와 종업원의 교섭관계	① 노동조합의 조직형태가 기업별 조합으로 편성 ② 교섭의 양 당사자는 사용자와 종업원이라는 종속관계 때문에 대등한 입장에서 교섭하기 어려움 ③ 회사사정에 익숙하여 무리한 요구나 노사분규 방지에 유리하다는 장점	한국·일본
2. 통일 교섭형	전국적·지역적인 산업별 또는 직업별 노동조합과 이에 대응하는 전국적·지역적인 사용자 단체와의 교섭방식 한편, 이를 복수사용자교섭이라고도 함	① 노동조합이 산업별·직업별로 전국적 또는 지역적인 노동시장을 지배하고 있음. ② 산업별 노동조합이 단체교섭을 사용자단체(예: 경총, 전경련 등)와 함으로써 개별기업의 부담을 덜어줌	미국·영국·독일 등 유럽 각국 한국(전국체신노조, 전국철도노조, 전국전매노조 등)
3. 대각선 교섭형	① 산업별 노동조합이 개별기업과 개별적으로 교섭하는 방식 ② 산업별 노동조합에 대응할 만한 사용자 단체가 없거나 또는 있다 하더라도 각 기업이 특수한 사정이 있을 때 사용하는 방식.	① 개별기업 단독의 힘만으로도 전국산별노조와 교섭할 수 있다고 믿는다. ② 한국은 대각선교섭이 행하여질 수 없다고 규정하고 있다. ③ 개별기업이 산별노조 상부단체와 단체교섭하는 형태.	미국, 독일, 유럽

유 형	개 념	특 징	소속국 또는 소속조합채용
4. 공동 교섭형	① 노동조합이 기업별 노조로 구성되어 있는 경우 또는 산업별·직업별 노조의 경우에 기업 단위의 지부가 당해 기업과 단체교섭을 하는 경우 상부단체인 전국 노동조합이 이에 참가하는 것을 말한다. ② 상부조합과 지부가 공동으로 사용자와 교섭하는 방식이며, 또한 연명교섭이라고도 한다.	① 지부에 대한 인력 및 재정적 지원을 줄 수 있을 것이며 근로조건에 대한 전국적 표준을 정하여 특정지부가 기업에 지나친 양보를 하지 못하게 하는 장점도 있다. ② 노동조합은 대각선교섭, 공동교섭의 경우 유형교섭(pattern bargaining)이라는 교섭전략을 활용하려고 한다. 이것은 일종의 각개격파의 전략으로서 노동조합에 가장 좋다고 생각되는 특정기업과 우선 단체협약을 체결하고 이 협약모형을 타기업에 강요하는 전략.	미국, 독일, 유럽 등 우리나라는 기업별 노조기준으로 하고 있기 때문에 공동교섭가능성을 배제시키고 있음.
5. 집단 교섭형	① 수 개의 노동조합지부가 공동으로 수개의 기업집단과 집단적으로 교섭하는 형태 ② 노동조합측이나 사용자측이 산업별로 연합전선을 형성하여 교섭하기 때문에 연합교섭이라고 하고 유럽 각국에서 많이 볼 수 있는 형태. ③ 미국은 군소조합들이 상호단합하여 당해 사용자와 단체교섭을 하는 새로운 교섭방식 출현.	① 집단교섭은 한국노사간의 단체교섭 허용을 금지하고 있음 ② 단위노동조합의 대표자들이 연명으로 사용자단체와 단체교섭하는 것은 가능하나 집단교섭형태는 불가능함.	① 영국, 독일, 프랑스 등 유럽지역 국가 ② 미국의 경우 한 기업에 수 개의 노동조합이 결성되어 있는 경우 사용자는 조합과 개별적으로 단체교섭을 함으로써 조합의 경쟁과 분열을 조장하여 사용자에게 유리한 방향으로 유도함.

자료: 김성수 교수 정리

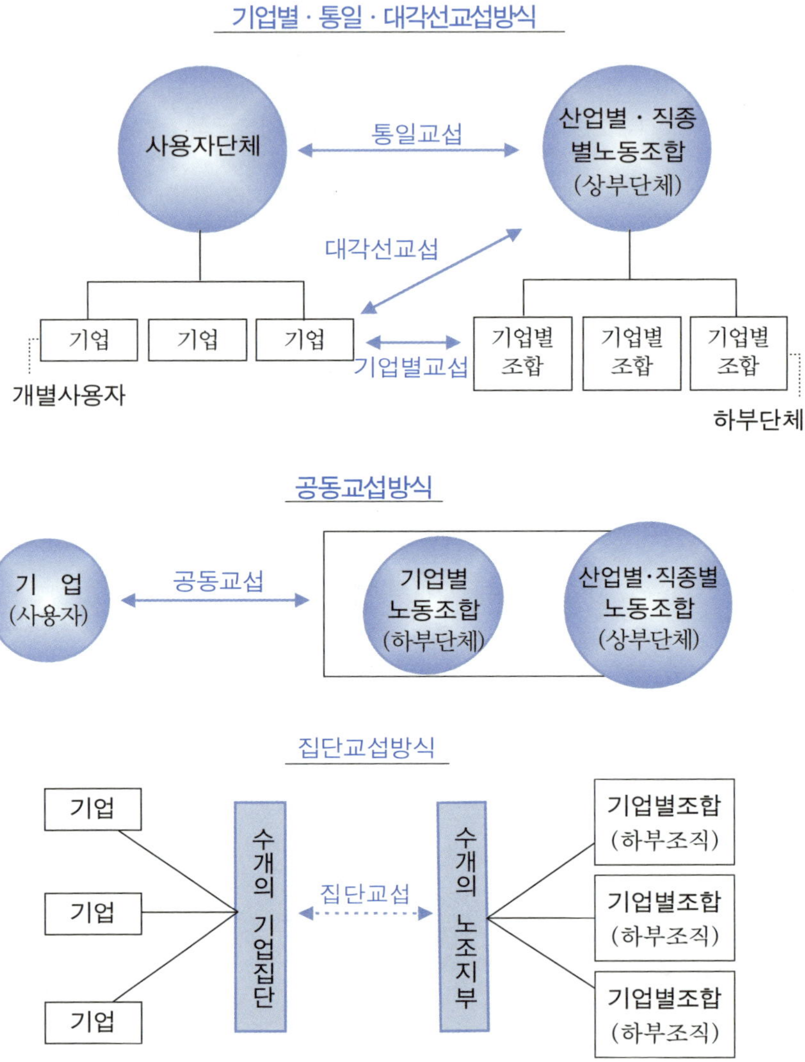

그림 5-1. 그림으로 본 단체교섭 방식

단체교섭의 당사자와 담당자는 누가 되는가?

단체교섭의 당사자

단체교섭의 당사자는 노동조합이다. 노동조합이 단체교섭의 당사자로서 지위에 관하여는 많은 문제점이 제기될 수 있는데, 그 내용을 설명하면 다음과 같다.

첫째, 근로자 단체가 노동조합으로서의 구비요건을 갖고 있으면 비록 법외조합이라고 하더라도 단체협약의 체결능력을 부여받고 교섭의 당사자가 될 수 있다.

둘째, 노동조합이 소수의 근로자로서 구성되어 있는 경우에도 단체교섭권을 가지며 단체교섭의 당사자가 된다.

셋째, 개개의 근로자가 직접 구성원이 되어 있는 직업별 또는 산업별 단일조합인 경우 그 단일조합이 교섭의 당사자가 된다. 그리고 그 하부조직의 지부, 분회 등이 기초적 교섭의 당사자가 될 수 있다.

넷째, 노동조합은 사용자와의 단체협약에서 자기조합만이 유일한 교섭단체로 인정하는 유일교섭 단체협정을 체결하는 수가 있다. 그러나 사용자가 제2노조와의 단체교섭을 정당한 이유없이 거부하거나 해태하는 것은 불법노동행위가 된다.

단체교섭의 담당자

단체교섭의 담당자는 노사간의 단체교섭을 직접 담당하는 자를 말한다. 노동조합 및 노동관계조정법 제29조는 노동조합의 대표자 또는 단위노동조합으로부터 위임을 받은 자는 교섭할 권한이 있으며 단체교섭의 담당자가 된다.

첫째, 단위노동조합의 대표자는 교섭의 담당자가 된다. 한편, 2개 이상의 단위노동조합이 사용자단체와 교섭하는 경우에는 각 단위노동조합의 대표자 중에서 대표자를 선임하거나 또는 대표자가 연명으로 교섭을 담당할 수 있다.

둘째, 노동조합의 대표자는 그 노동조합 또는 조합원을 위하여 사용자나 사용자단체와 교섭하고 단체협약을 체결할 권한을 가진다.

노사 양 당사자로부터 교섭 또는 단체협약의 체결에 관한 권한을 위임받은 자는 위임받은 범위 안에서 그 권한을 행사할 수 있다. 그리고 권한을 위임한 때는 그 사실을 상대방에게 통보하여야 한다.

사용자측의 단체교섭담당자

사용자 또는 사용자단체의 대표자는 단체교섭의 담당자가 된다. 개별기업에 있어서 사용자 내지 주식회사의 회장 또는 대표이사가 직접 단체교섭을 담당하는 경우는 그들이 직접 단체교섭의 당사자가 된다.

그러나 본부 또는 지점의 지배인이 단체교섭을 담당하는 경우에는 기업 대리권으로서의 포괄적 대리권(상법 제11조) 또는 특별한 위임을 기초로 하여 단체교섭의 담당자가 될 수 있다. 주식회사의 노무담당중역 · 이사 · 노무부장 · 과장도 일정한 범위의 대리권 또는 특별한 전권위임을 근거로 단체교섭의 담당자가 될 수 있다.

단체교섭의 대책을 살펴보자.

노동조합측의 교섭대책

먼저, 교섭위원회의 구성하여야 한다.

단체교섭에 있어서 노동조합측이 가장 먼저 해두어야 하는 것은 교섭위원회의 구성문제이다. 교섭위원회의 구성은 단위 노동조합이 단체교섭을 담당하는 경우에도 필요하거니와 단체교섭이 지부 또는 분회에서 실시되는 경우는 더욱 필요하다. 그리고 이러한 교섭위원은 조합총회에서 선정되어야 한다.

교섭위원으로서 노동조합 임원이 참여하는 것은 당연하지만 민주화의 요건으로 특별히 선정된 평 조합원에 의하여 보충되는 것이 이상적이라고도 한다. 왜냐하면 교섭위원의 선정이란 조합의 정치적 단체로서의 성격을 가지고 있는 조합내의 여러 중요한 이해집단의 대표를 참여시킬 필요가 있기 때문이다.

이러한 교섭위원회는 3가지의 중요한 기능을 수행하여야 한다.

첫째로는 조합의 요구사항을 사용자에게 제시해야 하며, 둘째로는 잠정적인 협약을 협의해야 한다. 셋째로는 해결방안으로서 쟁취된 것과 쟁취되지 못한 것을 조합원에게 설명하고 그에 대한 조합원들의 동의를 받아야 한다.

우리나라 노동조합 및 노동관계조정법에 있어서도 단체협약은 조합총회의 의결사항이므로 교섭사항이 총회에서 지지를 받지 못한다면 단체교섭은 다시 시작할 수밖에 없는 것이다.

다음, 요구사항을 정리해야 한다.

일반적으로 요구사항 정리는 조합원의 총회와 그를 통한 조합원의 희망목록의 작성부터 시작한다. 그 다음이 조합원의 요구사항을 취사선택해야 하며, 요구사항에 대한 노조측의 정리과정에서 개별화되어야 한다. 따라서 노동조합은 문제의 해결을 항목별로 토의하여야 하며 절대로 전체를 다루어 해결하려고 해서는 안된다.

끝으로, 파업의 결정여부가 중요하다.

조합지도자나 교섭위원회가 결정하는 것 가운데에서 파업을 결정하는 것 보다 더 중요한 것은 없다. 조합지도자는 교섭입장을 강화시키기 위하여 파업이라는 무기로 위협하는 경우도 있으나 파업 자체는 많은 위험을 수반하게 된다.

파업은 ① 우선 피켓 라인에서 문제를 발생시키며, ② 경찰과 법원이 개입될 가능성이 크다. ③ 더욱이 파업이 장기화되면 조합원에 대한 생계보조로 인하여 조합기금이 고갈되고, 파업이탈자가 발생한다.

이와 같은 어려움이 있음에도 불구하고 파업이 발생하는 이유는 조합원의 욕구가 사용자에 의하여 일방적으로 받아들여지지 않는다는 감정적인 잘못된 판단에서 비롯되는 경우가 많다고 지적하고 있다.

따라서 경험있는 노조지도자는 반드시 ① 파업에 대한 예상기간, ② 파업에 대한 비용, ③ 파업상의 이득과 손실 등을 사전에 계산하는 능력이 있어야 한다. 따라서 파업과정에서 문제의 해결을 지도하는 리더십을 가져야 한다.

사용자측의 교섭대책

먼저, 교섭담당자의 결정에 따라야 한다.

사용자측은 최고경영자가 반드시 단체교섭담당자로서 참가해야 하느냐의 여부문제로 많은 논란을 제기해 왔다. 그러나 단체교섭은 최고경영자가 직접 참여하지 않고 위임받은 공장장이나 본부의 노사관계전문가팀이 교섭을 맡는 것이 더욱 합리적이다. 따라서 최고경영자는 단체교섭의 모든 권한을 위임한 노사관계 참모전문가의 의사결정에 따라야 한다.

그러나 때때로 위임받은 공장장이나 노사관계 참모전문가의 불신으로 최고경영자의 직접교섭을 요청하고 있다. 이러한 기업은 경영합리화가 되지 못한 사례이며 계속 노사분규의 발생소지가 높다.

한편 중소기업에서는 노사관계전문가를 갖고 있지 못하기 때문에 최고경영자가 직접 노사간에 긴밀한 유대관계를 가질 수 있다면 교섭담당자로서 최고의 성과를 나타낼 수 있다.

여기에서 한 가지 유의할 것은 최고경영자(CEO)는 단체교섭이 진행되는 과정에서 ① 비용문제, ② 내부갈등문제, ③ 회사의 비전과 목표문제, ④ 인적조직의 유지문제 등에 관해서는 관심을 갖고 명백히 해야 한다.

둘째, 단체교섭의 단계별 전략을 준비해야 한다.

사용자측도 노동조합측과 같이 단체교섭에 대한 세밀한 준비를 하여야 한다. 왜냐하면 단체교섭이란 단순한 토론장이 아니며, 문제해결의 기본적 활동이기 때문이다. 따라서 단체교섭에 대비하여 사용자측이 준비하는데 있어서 회사에 따라 다소 차이가 있으나 가장 기본적인 것으로서 다음의 4단계 준비전략이 필요하다.

① 제1단계 전략 : 단체교섭팀 및 지원단을 선정하라.

회사는 가장 이상적인 교섭 및 지원단을 선정하여 단체교섭목표를 성공적으로 수행해야 한다. 이상적 교섭팀의 형성이란 교섭대상의 상대편인 노동조합측에 불평과 불만의 대상자가 없어야 하며, 단체교섭의 요구사항을 깊숙히 숙지하고 판단할 수 있는 능력의 소유자라야 한다. 이론적으로나 특히 성격상 단체교섭에 합리적인 사람으로 구성되어야 한다. 반드시 교섭의 의사결정으로 책임을 질 수 있는 사람이어야 한다.

② 제2단계 전략 : 단체교섭 전과정의 시나리오를 짜두어라.

회사는 단체교섭 전과정의 가능성 판단(시나리오)을 상세히 해두어야 한다. 교섭요구사항의 성공여부, 회사입장과 회사경영목표의 판단결정, 파업의 발생가능성에 대한 대비 등 단체교섭의 진행과정을 산업평화에 두도록 한다.

③ 제3단계 전략 : 단체교섭을 성공방향으로 진행하도록 협력하라.

회사는 단체교섭의 방향을 노사가 합의할 수 있는 조건으로 결정하고 가능한 단체교섭이 성공할 수 있는 방향으로 진행되도록 협력해야 한다. 회사는 교섭에서 노조측의 요구사항을 미리 숙지하고 교섭과정에서 이슈(issue)가 될 만한 문제사항을 선정하여 문제점별로 해답의 제안을 찾도록 준비한다. 그리고 교섭진행과정에서 민주적이고 겸허한 수동적인 자세뿐만 아니라 교섭이 성공하도록 능동적 자세를 취하는 것이 극히 중요하다.

④ 제4단계 전략 : 교섭준비를 위한 일정표를 작성하라.

교섭준비를 위한 일정표작성은 단체교섭 성공의 기초가 된다. 모든 활동을 소정기간내에 조정하고 통일된 교섭안을 완성하기 위해서는 일정표가 작성되어야 한다. 특히 단체협약의 유효기간이 장기화되고 또한 교섭대상이 복잡해 감에 따라 단체교섭에 대비한 준비기간도 충분하게 잡아 세밀한 분석을 할 필요가 있다. 미국 기업에 있어서는 단체협약이 만료되기 11개월 전부터 다음 단체교섭을 준비한다.

노동조합과의 협력무드 조성

단체교섭은 보통 1년에 한 번 또는 2년에 한 번 개최된다. 따라서 노사간의 문제를 단체교섭이 개최되는 시점에서만 생각하는 경영자가 많으며 요구사항의 쟁점이 발생할 때만 대응전략을 갖추면 되는 것으로 인식하는 사용자가 많다.

그러나 이러한 사용자의 노사관계 대응대책은 크게 잘못된 것이다. 왜냐하면 노동조합은 기업의 움직임에 대하여 끊임없이 문제의 초점을 잡고 그것에 대하여 매일 매일 조합원의 의식을 집중시키지 않으면 조직을 유지할 수 없고, 더욱이 단체교섭에 있어서 유효한 큰 힘을 발휘할 수 없기 때문이다.

근로자를 생각하는 조직력을 갖춘 현대적 노동조합이라면 평상시에 ① 근로조건, ② 임금문제, ③ 직장환경, ④ 기업의 업적과 계획, ⑤ 경기변동과 환경, ⑤ 공제사업과 후생활동 등 기업경영의 활동성 · 수익성 · 성장성 등의 각종 정보를 수집하고 조사활동을 하면서 각종행사를 통해 끊임없이 조합원에게 조직의식을 집중시키는 것을 잊지 말아야 한다.

표 5-2 단체교섭의 대책

노동조합측의 교섭대책	사용자측의 교섭대책
1. 교섭위원회 구성문제-조합총회에서 선정 2. 요구사항의 정리 - 조합원의 희망목록작성 - 조합원의 요구사항 취사선택 - 요구사항의 정리과정 - 문제의 해결을 항목별로 표시 3. 파업의 결정 - 파업의 예상기간 - 파업에 대한 비용 - 파업상의 이득과 손실 4. 파업과정에서의 문제의 해결을 지도하는 리더십	1. 교섭담당자의 결정 (CEO, 위임받은 공장장, 본부의 노사관계 전문가) 2. 교섭준비전략 및 일정표 작성 제1단계: 교섭 및 지원단 선정 제2단계: 단체교섭 전과정의 가능성 판단 대비 제3단계: 단체교섭의 향방결정 제4단계: 일정표 작성 3. 노동조합과의 협력무드 조성

자료: 김성수(2010), 한국노사간의 교섭대책, KBMI.

단체교섭의 기본자세를 갖추어라.

상호신뢰의 분위기를 조성하라.

단체교섭을 성공적으로 진행시키기 위해서는 무엇보다도 먼저 상호신뢰의 분위기조성이 있어야 한다. 물론 노사관계의 형태는 대립관계로서 노사간의 이해가 크게 전제되고 있기 때문에 상호불신 또는 상호배반의 관계가 밑바닥에 깔려 있는 한 교섭과정이 평화적으로 진행될 수 없다는 것을 알고 있다.

사용자측은 노동조합에 대한 이해와 우정, 가족같은 분위기조성이 있어야 하고, 노조측도 회사에 대한 협조심과 일체감이 평소업무관리와 노무관리 측면에서 협력적 노사관계의 바탕을 이루도록 협력무드조성이 이루어져야 하는 것이다.

또한, 교섭과정에서 언제나 성의 있는 자세와 인내심을 가지고 상대방의 주장에 귀를 기울어야 하며, 진실성을 확립하고 반드시 양보의 미덕이 뒤따라야 한다.

기업관이 확립된 대표자가 단체교섭에 임하라.

단체교섭을 진행시키는 데 있어서 가장 중요한 자세는 경영의 목표가 노사간의 일체감이 되어 있어야 한다. 회사의 경영목표의식이 노사간에 서로 다르다면 단체교섭 자체가 무의미하고 결렬되고 만다. 특히 경영간부나 관리직 등 노사관계에 있어서 경영측의 입장에 있는 교섭대표자가 단체교섭에 관련된 문제에 대한 의식이나 의사의 통일이 회사의 경영목표에 부합되도록 행동할 수 있는 자세가 되어 있지 못하다면 교섭담당자로서 자격을 상실하게 된다. 노조측도 회사의 경영방침, 회사의 경영사정, 경제사회적인 환경여건 등을 충분히 고려된 기업관이 확립된 대표자가 단체교섭에 임한다면 가장 이상적인 단체교섭의 기본자세라고 볼 수 있다.

단체교섭은 합리적 성격이 부각되어야 한다.

단체교섭은 합리적 성격이 나타나야 한다. 미국의 하버드대학교 노사관계연구의 대가였던 던롭(J.T. Dunlop) 교수는 단체교섭의 성격을 다음과 같이 풍자적으로 묘사한 바 있다.

첫째, 단체교섭이란 허풍 · 기만 · 눈치 또는 행운 등으로 승부가 결판나는 포커 게임과 같은 것이다. 그러나 진실은 언제나 하나이어야 한다.

둘째, 당사자간의 상대적 힘을 배경으로 하는 힘의 정치이다. 그러나 서로 양보하는 미덕이 있어야 한다.

셋째, 자기 동료들에게 호감을 주는 한편 상대방에게도 다소 영향을 주기도 하는 장광설(長廣舌)이 수반되는 토론장이다. 그러나 노사간의 주장이 일치해야 한다.

이러한 던롭 교수의 풍자적 단체교섭의 성격은 연극처럼 전개되면서 결정된다는 과정을 설명하고 있다. 단체교섭이란 합리적 과정으로서 '공동이익'이라는 전제 아래 서로 상충되는 이해를 사실과 논리에 호소하여 합리적으로 해결하려는 절차라는 것이 더욱 중요하다. 따라서 단체교섭의 합의는 사회적 합의로서 사회안정의 기초가 된다.

단체교섭의 절차는 순서에 의하여 이루어져야 한다.

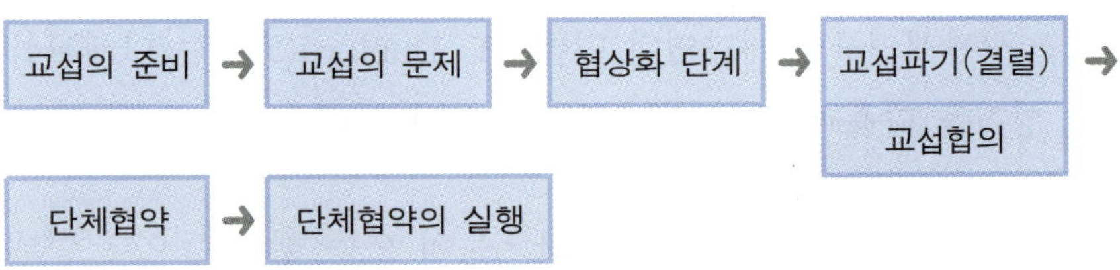

유능한 교섭담당자는 단체교섭을 위해서 다음과 같은 준비를 한다.

첫째, 제안하고자 하는 여러 문제를 순서대로 정리한다.

둘째, 모든 중요대안을 준비하고 수용가능이유와 수용불능이유를 제시한다.

셋째, 모든 문제점을 상대방의 이해, 필요 및 욕망과 결부시켜 생각한다.

이상과 같은 준비와 단체교섭을 통한 인간접촉의 형태에 있어서도 상대방을 어떻게 설득할 것인가 그리고 상대방의 의도하는 방향이 무엇인가를 미리 분석하여 대응할 기본적 방법을 강구해야 한다. 뿐만 아니라 경험많은 교섭자는 타집단의 이해, 목표의 조직화, 순서적 사고 등 철저한 준비를 사전에 해두고 있다.

이상적인 단체교섭절차의 모형

미국의 대표적 식료품산업의 노사공동위원회는 이상적인 단체교섭절차에 관한 모형을 개발한 바 있다. 이 위원회는 미국산업의 단체교섭 과정을 검토한 후 일정한 교섭절차에 대한 사전협정이 없는 것이 노사분규를 야기시키는 가장 큰 원인 중의 하나였다고 분석하고 〈표 5-3〉과 같은 공통적으로 적용할 수 있는 이상적 교섭절차를 제안하였다.

표 5-3 이상적(理想的) 단체교섭절차의 모형

구 분	내 용
① 단체협약 초안은 단체협약의 만료 훨씬 이전에 교환됨.	모든 제안은 문서로 작성하고 우선 이해하기 쉽게 되어야 한다. 의문이 있으면 즉시 문의하고, 충분한 시간을 갖고, 공동연구 또는 개별연구를 하고 또한 비용계산을 해두어야 한다.
② 철야교섭은 비생산적이므로 금지되어야 함.	철야교섭은 노사상호간의 심리적 갈등의 심화로 비생산적이 되며, 파업을 유발하고 또한 공평한 해결을 기대할 수 없다.
③ 적절한 조정제도의 활용이 있어야 함.	적절한 조정제도를 활용하는 것은 합리적인 단체교섭의 초석이 된다. 이것은 실증적 검토 결과이다.
④ 단체교섭은 언론방송매체에서 먼저 행해지는 것은 금물임.	단체교섭은 교섭테이블에서 행해져야지 신문·방송 등 매체에서 먼저 행해지면 안된다. 언론매체에서의 교섭은 합리적인 결과를 유도하는데 타격을 주며 감정적 대결을 가져오게 한다. 필요하면 공동발표에 대한 약속이 있어야 한다.
⑤ 파업 이전에 모든 '이슈' 문제를 풀고, 가능한 모든 방법이 고려되어야 함.	파업의 이슈(issue)문제는 조정자가 개입해서라도 풀어야 하고 절대로 직장폐쇄로 가지 않도록 모든 가능한 방법이 고려되어야 한다. 파업은 노사양쪽 모두의 손해이다(파업코스트는 기업적자의 요인)

자료: 김성수(1993), 산업평화정착을 위한 노사관계론, 법경사, p. 168.

6

FOCUS

단체협약의 체결과 관리과정을 잘 알아두자.

- 단체협약이란 무엇인가?
- 단체협약의 성립은 어떤 과정으로 이룩되는가 ?
- 단체협약의 내용과 효력을 살펴보라.
- 단체협약 관리의 중요성을 인식하라.

6

FOCUS

단체협약의 체결과 관리과정을 잘 알아두자.

단체협약이란 무엇인가?

단체협약이란 노동조합과 경영자(사용자단체)간의 단체교섭을 통한 합의로서 성립한다. 따라서 단체협약의 목적은 근로조건, 기타 근로자의 대우에 관한 기준을 정하고 협약당사자 상호간의 제반합의문제와 채권·채무를 설정하는 협약서를 교환한다.

다시 말하면, 단체협약은 협약당사자인 노동조합과 사용자가 체결하는 서면상의 계약형식을 띠고 있으나(노동조합 및 노동관계조정법 제31조 제1항) 그 내용은 여러 가지 상이한 요소로 구성되어 있다.

예를 들면 임금・근로시간・근로자의 대우에 관한 사항, 조합원의 범위, 숍(shop)제, 조합활동을 위한 절차와 요건, 단체교섭절차, 쟁의행위에 관한 사항 등이 그것이다.

이러한 내용들은 단체협약의 적용을 받는 근로자들의 규범적 부분으로서 근로조건, 기타 근로자의 대우에 관한 기준, 채무적 부분으로서 협약당사자인 사용자와 노동조합 사이의 노사관계에 관한 권리・의무를 규율하는 부분, 조직적 부분으로서 노사관계에 관한 권리・의무를 규율하는 부분과 경영내의 제도에 관한 부분으로 나눌 수 있고 이러한 내용들은 각각 상이한 효력을 가지고 있다.

이상과 같은 단체협약의 개념은 단체협약의 체결과 관리과정을 통해서 설명될 수 있기 때문에 [그림 6-1]을 참조하여 노사담당자들은 이해하기 바란다.

[그림 6-1]을 보면 노사관계에 있어서 단체교섭은 협약의 체결(계약의 체결)과 협약의 관리(계약의 관리)로 분류되는데, 전자는 임금・근로시간 및 작업조건 등에 관한 근로자와 사용자간의 협약체결을 위한 협상과정이고 후자는 체결된 협약을 관리하는 단계로서 주로 고충처리 및 조정을 하는 과정이다.

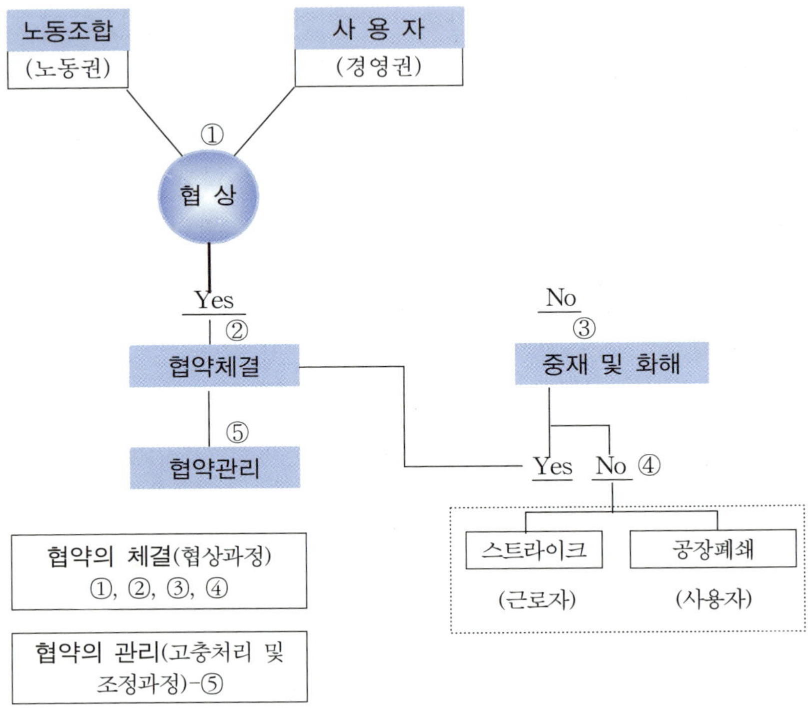

그림 6-1. 단체협약의 체결과 관리과정

단체협약은 노사관계에 여러 가지 기능을 하고 또한 이익을 가져다 주고 있다. 대표적인 단체협약의 기능은 ① 근로조건 개선 기능, ② 평화적 기능, ③ 합리화 기능 등이다.

✔ 단체협약의 근로조건개선기능이란?

근로자 한 사람 한 사람이 개별적으로 사용자와 교섭해서는 얻을 수 없는 보다 좋은 근로조건이 단체협약의 유효기간 중 확보된다는 것이다.

단체협약이란 근로자단체인 노동조합의 세력이나 쟁의행위라는 투쟁력을 배경으로 이루어진 것이 아니라 당사자간의 공동의 목표와 사회적 합의가 단체협약에서 정해진 근로조건상의 기준을 만족시키고 근로자와 사용자 사이의 합의교섭에서 기대할 수 있는 보다 좋은 근로조건을 확보하게 되는 계약을 의미한다.

✔ 단체협약의 평화적 기능이란?

사용자가 협약에서 설정된 근로조건상의 기준에 따라서 협약의 유효기간 중 조합원인 근로자를 사용할 것을 노동조합에 대해서 약속한 것이며, 그 약속대로 조합원을 다루어가는 사용자에게 부과된 당연한 의무이다.

만약 사용자가 약정한 대로 근로조건기준에 따라 종업원을 대우하지 않는다면 사용자는 조합에 대해서 약속위반의 책임을 진다.

단체협약의 내용을 성실히 준수해야 할 의무는 비단 사용자에게만 부과되는 것이 아니며, 그러한 의무는 노동조합 내지 근로자에게도 부과된다. 즉, 노사간 협약을 성실히 지켜가고, 조합원은 협약의 유효기간 중에는 어떠한 분규나 쟁의를 일으켜서는 안 되는 것이다. 이것을 단체협약의 평화적 기능이라고 한다.

단체협약의 합리화 기능이란?

단체협약의 내용을 성실히 준수하면서 유효기간 중에 사용자는 경영개선 대책을 만들어 발표하고, 조합원인 근로자와의 임금, 기타 급료, 근로조건 등 근로자의 대우에 관한 사항 등을 합리적으로 마련한다. 조합원은 단체협약의 합리적 체결을 원하고 사용자는 이를 통한 경영합리화 방안을 모색하는 합의도 원하고 있다. 따라서 단체협약을 통한 노사간 합리화기능은 노사관계의 새로운 방향을 전개하는 구실을 하고 있다.

단체협약의 성립은 어떤 과정으로 이룩되는가?

단체협약의 당사자는 누가 될 수 있는가?

단체협약을 체결할 수 있는 법률상의 능력을 협약체결능력이라 하고 이러한 능력을 가진 당사자를 단체협약의 당사자라고 한다.

단체협약의 체결에 있어서는 일반적인 계약체결의 경우와 같이 자연인 또는 법인이 모두 그 당사자가 되는 것은 아니다. 노동조합 및 노동관계조정법에는 노동조합과 사용자 또는 사용자 단체만이 단체협약의 당사자가 될 수 있다(노조 및 노동관계조정법

제29조 제1, 2항). 그리고 단체협약은 집단적 성격을 가지기 때문에 개인근로자인 조합원은 단체협약의 당사자가 될 수 없다.

노동조합이 단체협약체결능력을 갖기 위해서는 노동조합 및 노동관계조정법의 노동조합 개념에 적합한 것이어야 하며 법인으로서의 조직성을 갖추어야 하므로 일시적 집단이나 쟁의단 등 비자주적 비노동적 조합과 같은 것은 단체협약의 당사자가 될 수 없다. 그리고 노동조합이 단체협약을 체결하기 위해서는 반드시 법인격을 취득할 필요는 없다.

단체협약의 작성은 당사자 쌍방이 서명 · 날인한다.

노동조합 및 노동관계조정법(제31조)은 단체협약을 반드시 서면으로 작성하여 당사자 쌍방이 서명 · 날인하도록 하였다. 그렇지 않으면 단체협약은 아무 효력이 없다. 이렇게 단체협약의 방식을 요식행위로 한 취지는 노사 사이의 제반 관계를 규율한 규범계약으로서의 성질을 가지기 때문에 그 내용을 둘러싸고 후일에 분쟁이 생길 것을 방지하기 위해서이다.

그러므로 협약당사자는 그들의 최종적 합의의 내용을 명확히 서면화하고, 특히 규범적 부분에 관한 합의에 있어서는 그 내용을 명료하게 규정하여야 한다.

이런 의미에서 노동조합 및 노동관계조정법(제33조)이 규정한 기준의 효력은 단체협약의 효력발생요건이 된다. 따라서 서면화되지 않았거나 노사당사자의 서명 · 날인이 없는 단체협약은 법정 강행력이 없다.

단체협약의 당사자는 단체협약 체결일로부터 15일 이내에 이를 행정관청에게 신고하여야 한다(제31조 제2항). 행정관청은 단체협약 중 위법한 내용이 있는 경우에는 노동위원회의 의결을 얻어 그 시정을 명할 수 있다(제31조 제3항).

단체협약의 유효기간을 규정한다.

단체협약의 기간이라 함은 단체협약이 유효하게 존속될 것으로 예견되는 기간, 즉 유효기간을 규정한다.

노동조합 및 노동관계조정법(제32조 제1항)에 의하면 "단체협약에는 2년을 초과하는 유효기간을 정할 수 없다"고 하고 있으며, 동조 제2항에서는 "단체협약에 그 유효기간을 정하지 아니한 때 또는 제1항의 기간을 초과하는 유효기간을 정한 때에는 그 유효기간은 2년으로 한다"고 규정하고 있다.

또한, 동조 제3항에서는 단체협약 유효기간 만료시를 전후하여 쌍방이 새로운 단체협약을 체결하고자 단체교섭을 계속하였음에도 불구하고 새로운 단체협약이 체결되지 아니한 때에는 종전의 단체협약은 그 만료일로부터 3개월까지 계속 효력을 갖는다. 다만 그 유효기간이 경과한 후에도 새로운 단체협약이 체결되지 아니한 때에는 새로운 단체협약이 체결될 때까지 종전 단체협약의 효력을 존속시킨다는 별도의 약정이 있는 경우에는 그에 따른다.

그러나 당사자 일방이 해지하고자 할 때에는 6개월 전까지 상대방에게 통고함으로써 종전의 단체협약을 해지할 수 있다. 그러나 앞으로 단체협약 유효기간을 자율로 하되, 3년 경과 뒤 한쪽이 6개월 전 통보하면 해지하는 방향으로 개선하는 것이 바람직하다는 견해도 있다.

단체협약의 내용과 효력을 살펴보라.

단체협약의 내용에 따른 유형이 있다.

오늘날 단체협약의 내용은 모든 산업·기업 등에서 형성되는 노사관계의 실태와 실제상 필요에 따라 매우 다양하게 나타나고 있다. 그러나 이러한 단체협약의 내용도 법률상의 효력과 관련시켜 생각해 보면 몇 가지 유형으로 구분할 수 있다.

단체협약의 내용은 규범적 부분과 채무적 부분, 조직적 부분으로 구분하고 있으나, 단체협약 중에서 어떤 협정이 이 세 부분에 각각 해당하는가 하는 문제는 간단한 일이 아니다. 그러나 단체협약의 각 조항 내지 내용을 밝히고 그의 적용관계를 명확하게 할 필요가 있다.

표 6-1 단체협약의 내용에 따른 유형

유 형	기 준	내 용
규범적 부분	근로조건 기타 근로자의 대우에 관한 기준 -개별적 근로관계에 있어서 실현되는 부분-	임금, 임금지급방법, 근로시간, 유급휴일, 유급휴가, 상여금지급, 경조금지급 및 기타 후생에 관한 협정, 재해보상의 종류 및 그 산정, 누진퇴직금의 지급협정, 정년제에 관한 협정 등
채무적 부분	사용자와 노동조합의 관계를 정하는 부분, 즉 협약당사자의 권리·의무에 관한 사항 -집단적 노사관계에 있어서만 적용되는 부분-	평화의무 및 평화조항, 단체교섭의 임금 지조항, 유일교섭단체조항, 조합활동조항, shop조항, 단체교섭의 절차·인원 등에 관한 조항, 시설이용에 관한 조항, 노동쟁의에 관한 조항 등
조직적 부분	제도·기관의 조직과 운영에 관한 단체협약부분 -집단적 노사관계에 적용되면서도 개별적 노사관계와 관련되는 부분-	조합원의 해고동의협정, 경영협의회, 고충처리기관 등의 조직과 운영, 근로자의 복리증진, 교육훈련, 노사분규예방, 징계, 해고 등 인사에 관한 협의기관구성 및 운영 등

자료: 김성수(2012), 산업평화정착을 위한 노사관계론, 법경사, p. 165.

단체협약의 규범적 효력

✔ 규범적 부분은 강행적 효력을 가진다.

노동조합 및 노동관계조정법(제33조 제1항)은 “단체협약에 정한 근로조건 기타 근로자의 대우에 관한 기준에 위반하는 취업규칙 또는 근로계약의 부분은 이를 무효로 한다”고 하고 있으며, 동조

제2항에서는 "근로계약에 규정되지 아니한 사항 또는 제1항의 규정에 의하여 무효로 된 부분은 단체협약에 정한 기준에 의한다"고 규정하고 있다.

근로조건 기타 근로자의 대우에 관한 기준에 위반하는 취업규칙 또는 근로계약의 부분은 이를 무효라고 하는데 이를 '강행적 효력'이라 한다. 따라서 규범적 부분의 모든 조항은 원칙적으로 강행적 효력을 가진다.

✔ 단체협약은 직접적 효력을 가진다.

노동조합 및 노동관계조정법(제33조 제2항)은 직접적 효력을 나타내는 것으로서 무효로 된 부분은 단체협약에 정한 기준에 의하며, 근로계약에 규정되지 아니한 사항도 단체협약에 정한 기준에 의한다고 규정하고 있는데 이를 '직접적 효력'이라 한다. 즉, 직접적 효력은 단체협약이 개별적인 근로관계에 대하여 직접 지배적인 효력을 미치는 것을 말한다. 따라서 직접적 효력은 협약의 구속을 받는 근로자들의 개별적인 합의나 동의 또는 인식을 전제로 하지 않는다.

✔ 단체협약은 유리한 조건의 우선원칙을 갖는다.

단체협약의 규범적 부분은 강행적 효력을 가지므로 근로계약 내의 근로조건조항이 이에 위반될 경우에는 아무 효력을 가질 수 없다. 그러나 근로계약이 단체협약내의 기준보다 유리한 근로조건을 규정하고 있을 때에는 단체협약은 강행적 효력을 갖지 않는다. 왜냐하면 단체협약은 근로자들을 보호하기 위하여 근로조건의 최저기준을 정한 것으로 이해되는 것이 당연한 일이기 때문이다. 따라서 단체협약과 다른 약정은 그것이 근로자에게 유리한 경우에는 유효한 것이며, 이를 '유리한 조건의 우선원칙' 또는 간단히 '유리원칙'이라고 한다.

그러나 신단체협약이 구단체협약을 대치할 경우, 즉 하나의 집단적 질서가 다른 집단적 질서를 대치할 경우에는 이러한 유리원칙을 가지고 있다 하더라도 신단체협약이 그대로 적용된다. 이러한 원칙을 '질서원칙'이라고 하며, 이 질서원칙이 적용되는 근거는 신법은 구법을 우선한다는 일반적 법원칙에 있다.

이상에서 살펴본 바와 같이 규범적 효력의 의의는 조합원이 단체협약의 기준을 실현할 수 있는 지위를 가진다는데 찾을 수 있는 것이다.

단체협약의 채무적 효력

✔ 당사자간 계약으로서 이행된다.

채무적 부분과 그 효력에 관하여는 노동조합법에 아무런 규정이 없다. 따라서 그 효력은 협약당사자인 노동조합과 사용자 또는 사용자단체와의 노동법상의 채권·채무의 효력으로 고찰할 수밖에 없다. 즉, 채무적 효력은 협약당사자인 노동조합과 사용자 또는 사용자단체가 합의한 사항을 계약으로서 이행하여야 할 의무가 있음을 전제로 하여, 그 위반에 대하여 채무불이행의 책임으로 처리된다는 것이다. 그리고 이러한 채무는 '자기의무'와 '영향의무'로 구분된다.

단체협약 체결은 자기의무와 영향의무를 진다.

단체협약을 체결한 노동조합은 채무적 부분에 관한 제반의무를 스스로 준수해야 할 뿐만 아니라 조합원들이 단체협약내에 규정된 준수사항들을 그대로 지키도록 노력하지 않으면 안된다.

전자를 자기의무라 하고, 후자를 영향의무라고 한다.

자기의무는 협약체결 당사자가 당연히 부담해야 할 의무이기 때문에 평화의무와 같은 것이라고 할 수 있다. 한편, 영향의무의 내용은 노동조합이 그의 조합원에게 단체협약의 내용을 정확히 알리고 조합원이 단체협약에서 규정한 준수사항을 제대로 지키지 않을 때에는 적절한 조치를 취하여야 할 의무를 말한다. 따라서 예컨대 몇몇 조합원이 단체협약에 위반하여 불법파업을 단행하였을 경우, 노동조합은 그 조합원들에 대하여 징계권을 행사할 수 있다.

이와 같이 영향의무는 노동조합이 조합원들로 하여금 단체협약의 준수사항을 사실상 지키도록 하기 위한 의무를 말한다.

✔ 단체협약 체결은 평화의무를 진다.

평화의무라 함은 단체협약의 당사자가 협약의 유효기간 중에는 협약에서 정한 사항의 변경·폐지 등을 이유로 쟁의행위를 하지 않는 의무와 그의 통제하에 있는 구성원들이 이와 같은 쟁의행위를 행하지 못하게 하는 의무를 말한다. 이를 보통 상대적 평화의무라고 하는데, 이는 단체협약의 안정적 기능에 내재하는 본래적인 의무로 파악되고 있다.

따라서 이와 같은 평화의무는 협약당사자와 특별한 합의에 의해서가 아닌 단체협약의 기능에서 오는 당연한 의무이다. 단체협약은 그 당사자인 노사간의 평화는 적어도 그 유효기간 중에는 유지하고자 함을 목적으로 한다.

이러한 평화의무를 일반적 평화의무라고 하며 협약당사자를 따로 평화조항을 협정하여 상대적으로 가중된 평화의무를 명시할 수 있는데, 이를 특별평화의무라고 하며 이를 더욱 확장하여 협약의 유효기간 중에는 어떠한 경우에도 쟁의행위를 하지 않는다는 절대적인 평화의무를 협정할 수도 있다.

단체협약의 조직적 효력

조직적 효력은 제도적 효력을 말하는 것으로 원칙적으로 규범적 효력을 인정하고 있다.

이는 조합원인 종업원의 해고에 관한 협의·동의조항, 경영협의회와 고충처리기관 등의 조직과 운영에 관한 조항 내지 협정을 말한다.

우리나라는 1997년 3월 13일 노사협의회법을 "근로자참여 및 협력증진에 관한 법률"로 개정하였다. 근로자의 복지증진, 교육훈련, 노사분규예방, 고충처리 등에 관한 사항뿐만 아니라 이와 관련하여 징계, 해고 등 인사에 관한 협의기관의 구성 및 운영도 노사협의 대상이 되었으므로 단체협약에서 조직적 부문의 효력은 약화되었다고 볼 수 있다. 그러나 사용자에 의한 징계해고권의 남용을 견제하기 위하여 해고협의조항을 설정할 수 있다.

원래 인사에 속하는 근로자의 채용, 배치전환, 해고 등은 사용자의 전권적 사항이지만 근로기준법 제23조(해고 등의 제한)에 의하면 사용자는 근로자에 대하여 정당한 이유 없이 해고, 휴직, 정직, 전직, 감봉 기타 징벌은 정당한 이유가 없이는 이를 행할 수 없다.

따라서 단체협약내에 해고협의(또는 동의)조항을 노동조합과 사용자가 약정한다는 것은 근로기준법의 규정을 전제로 해서 이루어지는 것이다. 따라서 정당한 이유, 동의 및 협의에 대해서는 전문가적 입장에서 법률적으로 해석하는 것이 타당하다.

단체협약의 일반적 구속력과 지역적 구속력

사업장단위의 일반적 구속력제도

노동조합 및 노동관계조정법(제35조)은 "하나의 사업 또는 사업장에 상시 사용되는 동종의 근로자 반수 이상이 하나의 단체협약의 적용을 받게 된 때에는 당해 사업 또는 사업장에 사용되는 다른 동종의 근로자에 대하여도 당해 단체협약이 적용된다"고 규정하고 있다.

사업장단위의 일반적 구속력제도는 주로 기업별 노동조합이 체결한 단체협약의 효력을 사업장내의 비조합원에까지 확장·적용시킴으로써 그들의 근로조건을 단체협약의 그것과 동일하게 하자는 것이다. 만일 단체협약에서 정한 기준 이하의 근로조건으로 이를 고용하려고 하면, 조합원을 배척하고 비조합원으로 대체하고자 할 것이다.

이와 같은 단체협약의 사회적 기능을 약화시키고 조합원의 지위를 불안하게 하는 것을 막고 협약당사자의 조합원이 아닌 소수의 근로자에게도 협약을 적용하자는 데 목적이 있다. 이 제도는 일본의 노동조합법에서 창설된 것이다.

지역적 구속력제도

노동조합 및 노동관계조정법(제36조 제1항)은 "하나의 지역에 있어서 종사하는 동종의 근로자의 3분의 2 이상이 하나의 단체협약의 적용을 받게 된 때에는 행정관청은 당해 단체협약의 당사자의 쌍방 또는 일방의 신청에 의하거나 그 직권으로 노동위원회의 의결을 얻어 당해 지역에서 종사하는 다른 동종의 근로자와 그 사용자에 대하여도 당해 단체협약을 적용한다는 결정을 할 수 있다"고 규정하고 있다. 그리고 행정관청이 제36조 1항의 규정에 의한 결정을 한 때에는 지체없이 이를 공고하여야 한다.

지역단위의 일반적 구속력제도는 그의 근본적인 입법취지에 있어 사업장 단위의 일반적 구속력제도와 별차이가 없다. 즉, 단체협약의 기능을 유지하고 협약당사자인 조합과 조합원을 보호하고자 하는데 있으며, 동시에 소수근로자의 보호와 동일지역에 있어서의 동일노동·동일임금의 원칙을 실현시키고자 함을 목적으로 하는 제도라고 할 수 있다.

이 제도는 독일의 일반적 구속력 선언이나 일본의 노동조합법에서 찾아볼 수 있다.

단체협약 관리의 중요성을 인식하라.

단체협약의 관리에 있어서 근본적으로 문제가 되는 것은 단체협약에서 경영자가 확보되고 있다고 믿는 권리와 노동조합이 획

득했다고 생각한 권리에 대한 해석 내지 집행상에 있어서의 차이에서 나오는 분쟁이다.

우리는 이것을 권리분쟁이라 하고, 이를 단체교섭에서 이익으로 쟁취하려고 하는 이익분쟁과 구분하고 있다. 즉, 이익분쟁이란 임금 및 근로조건에 관한 새로운 계약을 체결하기 위하여 노사가 단체교섭을 하는 과정에서 합의에 도달하지 못함으로써 일어나는 분쟁을 말한다. 이에 반하여, 권리분쟁은 협약체결 이후 근로계약의 이행이나 계약문구의 해석 및 집행과정에서 일어나는 분쟁을 말한다.

우리나라에서 노사분규의 중요한 쟁점으로서는 임금을 중심으로 한 경제 및 물질적 문제와 단체협약체결을 비롯한 권력적 쟁점을 지적할 수 있다.

우리나라는 매년 노사분규의 발생으로 경제적, 사회적으로 혼란이 가중되고 있다.

이러한 원인은 결국 노사상호간의 불신에 기인하는 경우가 허다하다. 따라서 단체협약 체결을 어렵게 하고 있다. 그러나 사용자는 많은 손실이 따르더라도 이를 지켜서 근로자의 신뢰를 얻으려고 노력하고 있다.

부록 고충처리제도란 무엇인가?

고충(grievance)이란 경영조직상에 있어서 근로자들에게 영향을 미치는 제도 및 관례·실무상의 불만을 말한다. 좀더 구체적으로 정의를 살펴보면 종업원이 근로조건이나 직장환경, 불공평한 대우 그리고 단체협약이나 취업규칙의 적용에 관해 갖고 있는 불평·불만을 의미하는 것으로 해석된다. 대부분 고충이 되는 불평·불만이 근로자에게 관련되는 일반적인 사항이라면 단체교섭에서 다루게 되며 노사간의 이해공통사항이 아닌 개별적·특수적인 불평·불만은 노사협의회에서 취급하는 것이 보통이다. 단 고충처리제도는 단체협약으로 다루어져야 한다. 물론 노사협의회 등에서 취급한다.

하버드 대학교 밀즈(D. Q. Mills) 교수는 고충을 근로자의 직무상의 권리에 대한 위반으로 보고 이의 유형을 다음과 같이 다섯 가지로 구분하였다.

① 단체협약의 위반

② 법규의 위반

③ 관행의 위반

④ 사규의 위반

⑤ 경영자의 책임회피

근로자가 사업장에서 불평·불만을 가지고 있으면 능률이 저하되고 질서가 문란해지며 조직명령이 합리화되지 못한다. 따라서 근로감독관이나 외부기관에 진정·고발 등 신고사건이 늘어나게 된다. 그렇기 때문에 근로자의 고충을 신속하고 공정하게 해소시키는 것은 근로자의 인간성을 존중하여 조직의 분위기를 평화적으로 해결하는 중요한 요소가 된다.

고충처리는 산업평화를 위한 노사관계 개선에 지름길이 되며 생산성 향상의 척도가 된다.

고충의 원인을 찾자.

고충의 원인은 ① 임금부족과 승진기회의 지연, ② 노력·공헌의 대가부족, ③ 능률의 상승과 이윤분배의 불균형, ④ 상사의 인사고과 편애와 자질미비, ⑤ 근로조건의 불량과 과도한 작업, ⑥ 장래에 대한 기대감과 만족감의 결여 등으로 나타난다.

이러한 고충의 영향은 ① 근로자의 사기저하, ② 타인의 불만불평 증가, ③ 노사문제의 원인, ④ 품질의 저하와 국제경쟁력 악화 등으로 나타난다.

특히 고충의 징후가 나타나는 지표는 대부분 종업원의 능률저하가 발생하기 시작하며 작업의 계획차질, 빈번한 지각과 계획적 결근, 근로자간의 알력, 종업원과 감독자의 불화, 작업의 기피 등에서 찾아볼 수 있다.

고충의 처리방법을 찾아보자.

고충처리에 대하여 해결방법은 제3자의 중재에 의한 방법, 노사간에 직접 해결하는 방법 등이 있다. 고충처리의 방법으로는 미국이나 유럽의 경우와 같이 이를 단체교섭의 연장이라는 차원에서 취급하는 방법도 있고 독일과 일본의 경우처럼 노사협의회에서 다루는 방법도 있다.

그러나 일반적으로 어떠한 고충처리기관을 설치할 것인가 하는 것은 당사자의 자유로서 협약 내지 노사간의 협의에 의해 결정됨이 보통이다. 제3자에 의한 고충중재기관으로서는 상임중재자, 임시중재자, 중재위원회 등이 있다.

직접해결기관 내지 제도로는 직장위원회제도, 직장 내지 공장위원회, 경영협의회, 고충처리위원회 등이 있는데, 일반적으로 직접해결기관을 통해 처리되고, 여기에서 해결이 안되는 경우에는 제3자에 의한 중재기관을 통해 해결하도록 한다.

글로벌시대 고충처리기구

글로벌시대에 맞는 고충처리기구는 미국이나 유럽 등에서 어떠한 형태든지 단체협약제도로서 해결하고 있다. 그런데 이 기구의 상호공통적인 목적은 다음과 같다.

첫째, 협약기간 중 발생한 모든 분쟁은 해결한다.

둘째, 개별근로자의 고충을 처리하는데 있어서 노동조합의 역할을 규정한다.

셋째, 노사분쟁을 처리하기 위한 질서적 방법은 확립된다.

넷째, 노사당사자로 하여금 고충협의 결과를 최종적이며 또한 구속력있는 결정에 도달할 때까지 단계적으로 항소할 수 있다.

미국은 고충처리기구로서 가장 완전하고 정교한 형태를 표시한 것으로 5단계까지의 절차를 두고 있다.

〈표 6-2〉에서는 각 단계에서 경영자측 및 조합측이 의사결정을 하는데 소비할 수 있는 최고제한시간을 표시하고 있다. 그러나 실제에 있어서 고충처리기구의 단계로서 5단계까지를 두고 있는 경우는 그다지 많지 않으며, 일반적으로 3단계이며, 그 다음 중재의 단계를 두고 있다.

표 6-2 고충처리기구 5단계

단 계	조 합 대 표	회사대표	경영자의 결정을 위한 제한시간	조합승인을 위한 제한시간
1단계	작업자와 조합위원	감독자	3일	3일
2단계	조합・공장위원	부장 또는 공장장	5일	5일
3단계	고충처리위원회대표	인사담당이사	5일	5일
4단계	고충처리위원회대표 및 전국노조대표	최고책임자	10일	10일
5단계	중립자에 의한 중재			

자료: Daniel Quinn Mills(1982), *Labor-Management Relations*, 2nd ed., McGraw-Hill Book Company, p. 338.

즉, 통계적으로 보아 고충처리단계의 빈도는 전체적으로 보아 3단계가 45%로 가장 많고, 2단계 및 4단계가 각각 20%, 1단계가 8%, 5단계까지 두고 있는 경우는 4%에 불과하다. 여기까지에서 해결되지 않는 경우는 마지막 단계로서 중립적인 중재자에게 의뢰하고 있다.

✔ 고충처리절차기구와 절차

고충처리기구와 고충처리절차에 관해서는 반드시 단체협약에 세부적으로 규정해 두는 것이 가장 바람직하다. 그리고 고충처리절차는 [그림 6-2]에서 볼 수 있듯이 단계적으로 이루어지는 것이 일반적이다.

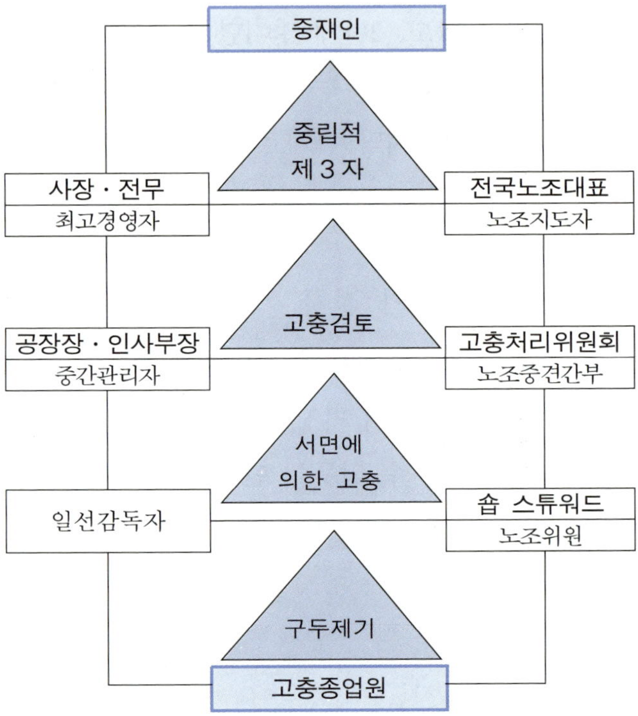
중재인
중립적
제 3 자
사장 · 전무
최고경영자
전국노조대표
노조지도자
고충검토
공장장 · 인사부장
중간관리자
고충처리위원회
노조중견간부
서면에
의한 고충
일선감독자
숍 스튜워드
노조위원
구두제기
고충종업원

그림 6-2. 고충처리기구

7

FOCUS

노동쟁의 쟁점과 조정기법을 잘 알아야 한다.

- 노동쟁의란 무엇인가.
- 쟁의행위의 쟁점은 무엇인가.
- 근로자측의 쟁의행위는 무엇이 있는가 ?
- 노동쟁의를 조정하라.
- 필수공익사업장별 필수유지업무는 무엇인가 ?

노동쟁의 쟁점과 조정기법을 잘 알아야 한다.

 노동쟁의란 무엇인가.

노동쟁의라 함은 노동조합과 사용자 또는 사용자단체간에 임금, 근로시간, 복지후생, 채용, 해고, 기타 대우 등 근로조건의 결정에 관한 주장의 불일치로 인하여 발생한 분쟁상태를 말한다.

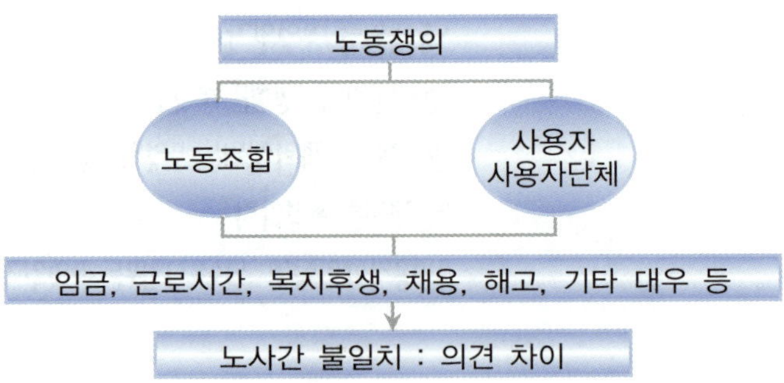

노동쟁의는 노사간의 의견 차이에서 발생하는 것이므로 노사당사자간 자주적으로 해결하는 것이 가장 바람직하다. 그러나 노사당사자간의 자주적 해결에 일임하는 경우에는 자주 쟁의행위가 발생할 염려가 있고 장기간 계속될 가능성이 커서 정부에서는 노동쟁의에 대하여 제한을 가하고 있으며, 노동쟁의의 조정을 위하여 현행 노동조합 및 노동관계조정법 제5장 노동쟁의의 조정규정을 두는 동시에 특별기관을 설치하여 쟁의의 사전적 · 평화적 해결을 도모하고 있다.

노동쟁의는 평화적 해결을 도모하는 한편 노동위원회로 결정에 따른 쟁의행위를 담당하도록 하고 있다.

근로자는 경제적으로 사용자에 대하여 약자의 입장에 처하게 됨으로써 이를 노동3권이라는 단결권, 단체교섭권, 단체행동권 등을 행사하도록 보장하고 있다.

노조법에 있는 쟁의행위

쟁의행위의 정의는 "노동조합 및 노동관계조정법"(제2조 제6항)에 규정되어 있다.

첫째, 노동조합 및 노동관계조정법 제2조 6항에서 "쟁의행위라 함은 파업 · 태업 · 직장폐쇄 기타 노동관계당사자가 그 주장을 관철할 목적으로 행하는 행위와 이에 대항하는 행위로서 업무의 정상적인 운영을 저해하는 것을 말한다"고 규정하고 있다.

둘째, 노동쟁의와 쟁의행위의 구별은 평화적인 단체교섭이 결렬되어 분쟁상태(노동쟁의)가 발생한 다음 다시 실력행사인 투쟁상태(쟁의행위)에 돌입하는 시기를 확정하여 노동법상의 제반규정을 적용하는데 있다.

노동쟁의는 평화적인 단체교섭이 실패하면 사실상 발생하는 것이지만 노동조합 및 노동관계조정법으로는 노동관계당사자는 노동쟁의가 발생한 때에는 어느 일방이 상대방에게 서면으로 통보하여야 한다. 그리고 행정관청과 노동위원회에 신고하고 이를 상대방에게 통고한 때부터 존재하게 된다. 그리고 쟁의행위는 이상의 신고가 노동위원회에 접수된 날로부터 과거에는 일정한 기간의 냉각기간이 경과하지 아니하면 이를 행할 수 없었으나, 현행 노동관계법상으로는 냉각기간을 두지 않고 있어 노동쟁의와 쟁의행위는 그 발생시기가 같다.

셋째, 쟁의행위와 단체행동에 관한 구별은 다음과 같은데 두고 있다.

헌법에서 보장한 근로자의 단체행동권에 의해서는 쟁의행위뿐만 아니라 업무의 정상운영을 저해하지 않는 모든 집단적 공동행위가 폭넓게 보호된다고 볼 수 있다. 그러나 쟁의행위 이외의 단체행동은 노동관계조정법상의 제한을 받지 않는다. 단체행동은 근로자 또는 사용자의 집단적 행위로서 쟁의행위를 포함하여 가두시위·집회·완장·리본착용 등의 공동행위가 포함된다.

쟁의권의 보장과 근거

쟁의권이라 함은 근로자가 사용자에 대하여 근로조건에 관한 자기측의 요구를 관철하기 위하여 단결력을 배경으로 각종 쟁의행위를 할 수 있는 권리를 말한다.

이 쟁의권은 경제적으로 힘있는 위치에 서 있는 사용자와 힘이 없는 열세에 서 있는 근로자를 1 : 1의 대등한 입장으로 유지하도록 하기 위해서 인정된 것으로 헌법의 기본권은 "단체행동권을 가진다"고 명백히 쟁의권을 보장하고 있다. 또한, 노동조합 및 노동관계조정법 제39조(근로자의 구속제한) 등에 의거하면 근로자는 쟁의행위기간 중에는 현행법 외에는 이 법 위반을 이유로 구속되지 아니한다. 그러나 동법 제42조(폭력행위 등의 금지) 규정에서는 어떠한 경우에도 폭력이나 파괴행위는 금지된다고 규정하고 있다.

표 7-1 쟁의행위의 정당성 판단기준 견해

학 설	내 용
목적설	① 쟁의행위가 경제적 목적을 위하는 한 〈정치적 목적이 첨가된다 하더라도〉 그 정당성은 유지된다. ② 경제적 목적을 위한 정당한 이유가 없는 한 〈정치적 목적을 위한 쟁의행위는〉 정당한 것이 될 수 없다.
방법설	① 쟁의행위의 성격상 상대방에게 손해를 주지 않는 행위는 없다. ② 쟁의행위는 위압과 손해가 그 본질을 이루고 있다. 상대방의 경제적 자유나 영리의 자유에 대한 위압에 대해서는 그 정당성을 유지할 수 있으나, 인간활동의 자유를 침해하여 협박의 방법으로 사용하면 위법이 된다.
절충설	① 목적과 수단 사이에 균형을 상실하지 않을 경우에만 정당성이 인정된다. ② 쟁의행위의 목적이 경제적 목적에 관한 한 경제적 손실을 주어도 위반은 아니지만 아무리 목적이 정당하다 해도 방법이 지나칠 경우에는 위법이 된다.

자료: 김성수 교수 제공

한편, 노동조합 및 노동관계조정법 제39조는 "근로자의 구속제한"을, 동법 제43조는 "사용자의 채용제한규정"으로 사용자는 쟁의기간 중 그 쟁위행위로 중단된 업무의 수행을 위해 당해사업과 관계없는 자의 채용 또는 대체할 수 없도록 제한을 규정하여 쟁의권의 정상적인 행사를 뒷받침하고 있으며, 노동조합 및 노동관계조정법 제81조 제1항에서는 "정당한 쟁의행위를 이유로 한 해고 및 기타의 불이익대우를 금지하여 쟁의행위에 대한 보장"을 하고 있다.

우리나라 쟁의행위는 노동조합 및 노동관계조정법 제41조 등과 같은 규정이 쟁의행위의 제한과 금지에 관한 것이지만 이것만으로 정당한 쟁의행위의 한계를 구분할 수 있는 것은 아니다.

산업평화를 해치는 쟁의행위의 제한과 금지

현행 노동조합 및 노동관계조정법 제4장 쟁의행위 조항은 제41조 쟁의행위의 제한과 금지 (시행일 2011년 7월 1일) 제42조 폭력행위 등의 금지, 제43조 사용자의 채용제한 등 쟁의행위로 중단된 업무의 채용 또는 대체제한, 제44조 쟁의행위기간 중의 임금지급 요구의 금지 등이 행하여지고 있어 노동조합의 지도와 책임이 중요하다.

특히 제41조 제2항의 방위산업법에 의하여 지정된 주요방위업체에 종사하는 근로자 중 전력, 용수 및 주로 방산물자를 생산하는 업무에 종사하는 자는 쟁의행위를 할 수 없다. 이 규정을 위반한 자는 중벌로 다스려지고 있다. 특히 ① 국가의 안보적 차원, ② 경제적 위기, ③ 사회적 불안조성 등을 목적으로 하는 쟁의행위는 반드시 금지되어야 하며 ④ 산업평화를 해치는 쟁의행위 등도 금지되어야 한다.

쟁의행위의 쟁점은 무엇인가.

세계각국의 산업현장에서 노동쟁의 쟁점은 실제로 어떤 이슈들이 제기되고 있으며, 또한 어떤 쟁점들이 나타나게 될 것인가 하는 문제는 노사관계연구의 가장 중요한 과제라고 할 수 있다.

세계화・정보화사회의 이행과정에서 지역이나 국가의 노동현장에서 다양하게 요구되는 개별적 노사관계의 이슈와 집단간의 노사관계 이슈가 공통적인 과제로 나타나는 경우도 있으며, 반대로 이질적인 문제로 나타나는 경우도 있다.

노사관계의 쟁점은 통상적으로 세 가지 유형으로 나타나게되는데, 이는 다음과 같다.

임금중심의 경제적 쟁점

임금중심의 경제적 쟁점은 근로자의 생계 및 생존과 관계되는 임금 및 복지후생을 중심으로 나타나는 문제점들이다.

이 경제적 문제점은 개별기업의 임금수준 및 임금체계, 임금격차, 상여금 및 수당 등 급여관련 이슈와 복지시설확충, 복지제도의 신설 또는 형식적 제도개선 등 복지후생관련 이슈를 포함한다. 주로 돈과 물질 등 경제와 관련되는 것들을 중심으로 나타나는데, 노사간의 이해대립이 첨예화하여 발생하는 이슈를 총칭한다.

권력파워적 · 정치적 쟁점

권력적 쟁점은 권력파워적 · 정치적 문제를 포함하여 주로 노동3권과 관계되는 것을 중심으로 나타나고 있다.

노동조합 결성문제, 어용노조 퇴진과 민주노조건설, 노조위원장선출문제, 노조내의 세력 다툼 등의 노조 내부에서 발생하는 쟁점 그리고 부당노동행위, 노조활동보장, 단체협약개정, 소유와 경영의 분리요구 등 노사간에 발생하는 이슈를 포함하는 것으로 노사간의 권력관계와 노조 및 근로자 내부의 갈등을 중심으로 노사분규를 일으키는 문제점들이다.

사회 · 정신적 쟁점

사회 · 정신적 쟁점은 인간의 욕구와 관련된 인간적 만족과 근로생활의 보람을 중심으로 나타나고 있다. 인간의 정신적 만족도와 사회적 신분관계 및 인간성 회복 등의 문제를 중심으로 작업환경 및 안전 · 위생시설의 개선, 근무시간의 문제, 인사제도의 개선 등 신분관계쟁점과 생산직에 대한 차별대우폐지, 인간적 대우요구, 일의 보람(QWL : Quality of Working Life)에 대한 욕구 등의 인간관계쟁점을 포함하는 것으로 개인의 직업안정과 욕구구조를 중심으로 노사간 이해상충과 상호이해부족 등으로부터 나타나고 있다.

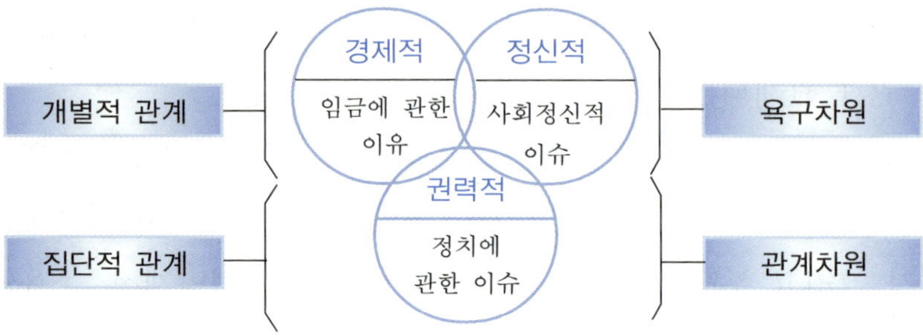

그림 7-1. 세계 노사분규쟁점의 유형

표 7-2 세계 노사분규쟁점의 발전단계

대상별	내 용	노조의 발전단계	경제발전국가의 범주
① 권력적 원인의 쟁점	① 노동3권 ② 노조의 조직 · 인정 ③ 노조의 지배권	노조의 생성기 (초기 단계)	개발도상국 중진국
② 경제적 · 물질적 원인의 쟁점	① 임금문제 ② 근로조건 ③ 근로시간 ④ 복지후생	노조의 육성기 (중기 단계)	개발도상국 중진국 선진국
③ 사회 · 정신적 원인의 쟁점	① 인간적 만족 ② 직무만족 ③ QWL ④ QL	노조의 성숙기 (후기 단계)	선진국

주: QWL=Quality of Working Life, QL=Quality of Life

이와 같이 세 가지 유형으로 노사관계의 쟁점을 구분하는 것은 당사자들이 문제점에 부딪혔을 때 대처하고 관리할 수 있는 능력을 배가시켜 산업평화의 노사관계를 갖자는데 목적이 있다. 대부분 임금에 관한 쟁점과 권력에 관한 쟁점은 개발도상국이나 중진국에서 발생하고 있으며, 사회정신적 쟁점은 선진국에서 많이 발생하고 있다.

최근 선진국에서는 사회정신적 쟁점으로서 근로자에게 직무만족을 부여하고 직무를 통하여 '근로생활의 보람'을 갖게 하는 소위 QWL(Quality of Working Life)운동이 생산성 향상을 가져오는 노사관계의 주요한 이슈로 발전하고 있으며, 훌륭한 일터만들기 운동인 GWP(Great Work-Place)가 중심이 되고 있다.

근로자측의 쟁의행위는 무엇이 있는가?

파업(罷業)

파업은 strike라고 한다. 근로자의 쟁의행위 중 가장 오랜 역사를 가진 전형적 분규형태이다. 파업은 다수의 근로자가 근로조건의 유지 또는 개선이라는 목적을 쟁취하기 위하여 조직적인 방법으로 공동적으로 노무제공을 거부하는 행위이다.

그러나 근로자들이 집단적으로 노무를 거부하는 것은 개선된 근로조건하에서 노동을 계속할 것을 전제로 하고 있는 것이므로 파업이 종료한 후에도 근로자들이 노동을 계속할 의사를 가지고 있다는 것이다.

이러한 파업의 종류에는 ① 참가자 범위에 따른 분류, ② 조직상의 분류, ③ 투쟁목적의 분류 등으로 나눌 수 있다.

첫째, 참가자 범위에 따른 분류는 지명파업(부분파업)과 총파업 등이 있다.

둘째, 조직상의 분류에 의한 파업은 조합원파업과 비조합원파업 등이 있다.

셋째, 투쟁목적에 의한 분류는 투쟁파업과 시위파업 그리고 경제파업과 부당노동행위파업 등이 있다.

태업(怠業)

태업은 근로자들이 단결해서 의식적으로 작업능률을 저하시키는 것을 말한다. 근로자들이 일을 하는데 꾀 피움, 꾀병 부림을 한다는 의미이다. 그러므로 태업이라 함은 이론적으로는 작업을 계속하고 있지만 실제적으로 작업을 하지 않거나 또는 필요 이상의 완만한 작업 또는 조잡한 작업을 하는 것을 말한다.

이에 반하여 사보타지(sabotage)는 생산 또는 사무를 방해하는 행위로써 단순한 태업에 그치지 않고 의식적으로 생산설비를 파괴하는 행위까지를 포함하는 개념이다. 파업이 사용자의 노동력에 대한 지휘명령으로부터 근로자들을 완전히 벗어나게 하는 것이라면 태업 또는 사보타지는 사용자의 지휘명령의 범위내에 있으면서 이에 따르지 않는다는데 그 특성이 있다.

태업은 동맹파업에 비하여 다음과 같은 특징이 있다.

첫째로, 태업은 취업상태를 지속시키는 쟁의행위이지만 그것은 사용자에게 손해를 주는 행위이다. 그리고 동맹파업의 경우와 같이 피켓팅을 필요로 하지 않는다. 또한, 취업상태를 지속하게 되므로 쟁의기간에도 임금을 받을 수가 있다.

둘째로, 태업은 동맹파업에 비하여 사회적으로 불안감을 피할 수가 있고 또한 법이나 단체협약이 동맹파업에 제약을 가하고 있는 경우에 태업을 이용하게 된다.

셋째로, 태업은 사용자로부터 가해지는 동맹파업의 파괴행위를 방지할 수 있으며, 사용자가 입는 손해와 고통은 동맹파업보다 그 정도가 높다.

이와 같이 태업은 장점이 많기는 하나 이에 대항해서 사용자가 직장폐쇄(lock-out)를 행하는 것이 상례이기 때문에 그렇게 실효성은 없다.

불매동맹(不買同盟)

불매동맹은 보이콧을 뜻하며 여기에는 제1차적 보이콧과 제2차적 보이콧이 있다. 전자는 당해 노동쟁의 당사자인 사용자에 대하여 압력을 가할 목적으로 그 사용자의 상품에 대한 불구매 또는 불이용을 집단적으로 약속하고 실행하며, 경우에 따라서는 일반에게도 그러한 불매 또는 불이용을 호소하는 행위를 뜻한다. 그리고 후자는 원재료공급자와 같이 쟁의와 관련이 없는 제3자, 즉 제2차적 사용자에 대하여 쟁의당사자인 제1차적 사용자와의 거래를 단절하도록 요구하고 이를 거부하는 경우에는 제2차적 사용자의 상품 또는 원재료까지를 불구매 또는 불이용을 행하는 단체적 실력행사를 뜻한다.

이러한 보이콧이 쟁의행위로서의 성과를 거두기 위해서는 노동단체의 강력한 통제력과 근로자들의 연대적 공동체의식이 충분해야 한다. 따라서 근로자들의 상호공동운명적 책임감이 강하지 못하고 조합원으로서의 연대감보다는 종업원으로서의 소속감이 크게 작용하고 있는 우리 사회에서는 쟁의행위로서의 보이콧제도가 큰 효과를 거두기는 어렵다.

이 보이콧은 주로 미국에서 그 예를 찾아볼 수 있다. 그러나 제2차적 보이콧은 동정파업과 같은 목적을 갖는 것이므로 미국

태프트-하틀리법(Taft- Hartley Act)에서 쟁의행위의 본래적인 성격을 띠지 않는다는 이유로 위법시하고 있다. 따라서 보이콧은 근로자 자신이 공들여 생산한 제품을 불매한다는 행위로서 윤리경영상 문제점으로 지적되고 있다.

21세기 글로벌시대에서는 보이콧 같은 쟁의행위는 국제적 신인도를 떨어뜨리게 하며, 국제경쟁력을 악화시키는 결정적 요인이 되기도 한다.

피켓팅

피켓팅은 동맹파업을 성공시키기 위한 부수적 쟁의행위로서 동맹파업을 파괴하고자 하는 일체의 행위를 방지하는 것을 목적으로 한다. 일단 동맹파업이 시작되면 사용자는 경제력을 이용하여 가능한 한 그 동맹파업을 성공하지 못하도록 획책한다. 이에 법은 피켓팅제도를 인정하여 작업장 부근을 감시하고 일반 근로자들에게 쟁의의 목적을 납득시키고, 또한 쟁의참가 계속을 권유하는 동시에 파업파괴행위자들을 설득시켜 이탈을 방지하게 한다.

이러한 피켓팅행위는 결국 동맹파업에 대한 파괴행위를 방지하는 것과, 저지하는 것이며 그 방법은 구두, 문서, 통보 등인데 어디까지나 비폭력적 방법에 의거해야 한다.

피켓팅은 일반적으로 노조대표가 표지를 들고 노동쟁의의 진행을 알리는 행위를 말한다. 노동조합의 통제하의 취업은 계속하면서 작업능률을 저하시켜 사용자에게 경제적 손실을 초래함으로써 압력을 가하는 방법이다. 태업의 경우에도 사용자의 지배관계로부터 노동력을 이탈시키는 점에서 동맹파업과 동일하지만, 태업행위의 경우에는 노동력의 양에 대한 이탈이라기보다는 노동력의 질에 대한 이탈이라는 특성이 있다.

결국 피켓팅은 파업을 효과적으로 수행하기 위하여 희망근로자들이 사업장 또는 공장에 출입하는 것을 저지하고 파업참여에 협력할 것을 호소하는 행위이다. 이것은 파업중인 사업장의 사용자에 대하여 노동력의 제공을 철저히 차단함으로써 경제적인 충격을 보다 효과적으로 가하려는 것이다.

생산관리(生産管理)

생산관리란 근대적 파업행위의 하나로서 근로자가 집단적으로 쟁의목적을 달성하기 위하여 사용자의 지휘명령을 배제하고 사용자의 사업장 또는 공장에 대한 일체 운영을 접수해서 노조의 의사대로 기업경영을 행하는 행위를 의미한다.

이러한 생산관리는 소극적 생산관리와 적극적 생산관리로 구분해서 설명할 수 있다.

전자, 즉 소극적 생산관리의 경우에는 종전대로의 기업경영방침에 따라서 매출금은 회사를 위해서 보관하고 임금도 종전대로 가불의 형식으로 지급하며 사용자로 하여금 근로자측의 요구를 수락하도록 압력을 가하는 것으로 그치는 행위이며,

후자, 즉 적극적 생산관리는 종래의 경영방침을 변경하거나 생산자재의 처분도 임의대로 행하며 임금지급도 매출금을 가지고 요구 금액대로 지불하며, 쟁의기간 중의 조합운영비도 매출금으로 충당하는 행위를 말한다.

이와 같은 생산관리제도는 동맹파업과는 달리 임금을 받아가면서 행하는 쟁의행위로서 경제사정이 불안정하고 노사관계가 정상화되지 않은 조건하에서 많이 이용될 수 있는 쟁의행위이지만 아직 우리나라에서는 그 선례가 없다.

준법투쟁(準法鬪爭)

법을 지키면서 노동강도를 강화하여 생산성 향상을 저해하며 노동쟁의행위를 하는 것을 의미한다.

법규대로 노동을 수행함으로써 근로자측으로 보면 "업무의 정상적 운영"을 수행하는 것이지만 그러나 경영성과는 노무제공 방식의 전환에 따라 다른 방법으로 노무를 제공함으로써 실적 저하가 초래되게 한다. 평상시보다 어떤 형태로든지 손해 내지 이익의 감소가 나타나며 생산성이 현저히 저하되는 쟁의행위를

말한다.

예를 들면 근로계약 또는 단체협약에도 없는 조기출근, 정시운행, 잔업, 휴일근무 등을 거부하는 행위 등이다. 준법적인 노동을 행함이 업무의 정상적 운영을 저해하면서 종전과 다른 방법으로 노동을 제공하여 성과를 저해하는 행위는 결국 업무의 정상적 운영을 방해하는 것이 되므로 쟁의행위에 해당한다. 법을 지키면서 경영성과를 저해하는 노동쟁의를 하는 방법이다.

표 7-3 쟁의행위의 유형

근로자측의 쟁의행위		사용자측의 쟁의행위	
· 파업	조직적, 공동적으로 노무제공거부 행위	· 직장폐쇄 (lock-out)	(노동조합 및 노동관계 조정법 제46조) -사용자가 근로자를 집단적 해고 -직장을 폐쇄하여 근로자를 공장에서 축출하는 행위 -직장폐쇄는 기업의 사회적 책임, 의무에 대한 한계가 있음
· 태업	단결하여 의식적으로 작업능률저하		
· sabotage	생산 · 노무를 방해하는 행위 생산설비 파괴행위		
· 불매동맹	사용자의 상품에 대한 불구매 또는 불이용 행위		
· 피켓팅	구두 · 문서 · 통보 등 비폭력적 방법의 쟁위		
· 생산관리	사업장, 공장 등의 일체 운영권을 접수, 노조의 의사대로 기업경영을 행하는 행위		
· 준법투쟁	준법적인 노동행위가 생산성 저하, 경영성과의 저하 초래행위(조기출고, 정시운행, 잔업, 휴일근무 등 거부)		

사용자측의 쟁의행위는 무엇이 있는가?

직장폐쇄(職場閉鎖)

직장폐쇄(lock-out)는 우리나라의 현행 노동조합 및 노동관계조정법 제46조 직장폐쇄의 요건 규정에서 인정하고 있는 사용자의 쟁의행위이다. 이는 사용자가 근로자를 일시 집단적으로 직장으로부터 축출하고 그 노무의 제공을 거절하여 임금의 지불을 면함으로써 사용자측의 주장을 관철하는 수단으로서 사용자의 유일하고도 전형적인 쟁의행위이다. 직장폐쇄는 노동쟁의의 존재를 전제로 하는 것이기 때문에 사용자가 행하는 경영폐쇄 또는 공장폐쇄도 이에 포함시킨다.

직장폐쇄에는 두 가지 형태가 있다.

① 사용자가 근로자를 집단적으로 해고하는 방법,

② 직장을 폐쇄하여 근로자를 공장에서 축출해 버릴 뿐이고 해고는 뒤따르지 않는 경우이다.

전자는 쟁의 중에 그러한 해고를 하는 것이 노동조합의 세력에 대항하기 위해서 취해지는 것으로 노동조합 및 노동관계조정법 제81조의 부당노동행위와 관계가 되기 때문에 우리나라에서 일반적으로 인정되기 위해서는 경영권의 행사로서 간주되어야 한다.

후자는 노동쟁의가 발생했을 때 행하여지는 쟁의행위로서 그 목적은 근로자에게 임금을 지불하지 않음으로써 압력을 가하고 생산정지에 의한 사용자측의 손실을 이것으로 보충하려는 것이다. 그러나 노동조합 및 노동관계조정법 제46조 제2항의 규정에 의하여 사용자는 직장폐쇄를 할 경우에는 미리 행정관청 및 노동위원회에 각각 신고하여야 한다.

직장폐쇄에는 근거와 한계가 있다.

직장폐쇄의 근거

근로자의 쟁의행위에 대해서는 헌법상으로나 노동관계법상으로 이를 보장한다는 구체적인 규정이 있으나, 사용자의 쟁의행위에 대해서는 아무런 실질적인 규정을 하고 있지 않다. 그러나 1998년 2월 20일 노동관계 및 노동관계조정법개정은 사용자 쟁의행위로서 근로자측의 동맹파업 등과 함께 직장폐쇄를 노동조합 및 노동관계조정법 제46조 제1항에 규정하고 있으며, 이것은 노동관계조정법상 대상이 되는 쟁의행위의 유형을 제시한 것으로 대단히 중요하다. 따라서 직장폐쇄의 정당성을 인정하고 있다고 볼 수 있다. 따라서 직장폐쇄를 시민법상의 수령지체라 보지 않고 이를 합법적인 것으로 보고 있다.

이와 같이 노동관계조정법상의 보장규정이 있는 직장폐쇄에 대하여 이를 합법으로 보는 중에서도 가장 많이 주장되고 있는 것이 노사대등설과 대항행위설이다.

✔ 합법적으로 보는 노사대등설

노사대등설에 의하면 직장폐쇄는 노사간의 형식적인 대등 내지 형평의 원칙에 의하여 그 합법성을 인정하여야 한다는 견해이다. 이 견해의 주장은 근로자에게 쟁의행위를 인정한다면 그 반사작용으로서 사용자에게도 당연히 대항수단을 인정해야 한다는 것이다.

노사대등설은 형평설이라고도 하는데 이는 노사간의 분쟁관계에서 근로자에게 단체행동권을 인정하면서 사용자의 실력행사는 전연 인정하지 않는다는 것은 투쟁수단의 형평이라는 관점에서 부당하다고 주장하기 때문이다. 이 설에 따르면, 특히 근로자들이 부분파업, 태업 또는 생산관리를 단행하여 사용자의 직장을 점거한 상태에서 사용자가 직장을 폐쇄하는 집단적 투쟁조치를 취할 수 있도록 하는 것은 형평의 원리상 당연하다는 것이다.

✔ 대등한 관계의 대항행위설

대항행위설은 실질적인 노사의 대등 내지 형평이라는 관점에서 직장폐쇄의 합법성을 찾고자 하는 견해이다. 이 견해에 의하면 근로자에 대한 쟁의행위의 보장으로 노사대등의 실현을 보장하는 반면에 노동법은 노사가 교섭의 광장에서 대등한 지위를 확보할 것을 이념으로 하기 때문에 집단적 근로관계 속에서 근로자에게 쟁의권을 인정한다면 그의 대항행위의 한도내에서 직장폐쇄는 당연히 면책을 받아야 한다는 것이다.

직장폐쇄는 한계가 있다.

① 직장폐쇄는 부수적이며 수동적인 형태에 있어서만 용인되는 것이므로 근로자의 쟁의행위를 전제로 하지 않고 쟁의의 주도권을 얻을 목적으로 행해지는 공격적 직장폐쇄는 허용되지 않는다. 직장폐쇄는 근로자의 쟁의행위에 대한 방위적이고 또한 최소한도에 그칠 때에만 정당성이 인정되는 것이다. 그리고 사용자의 윤리경영적 측면에서 문제가 있다.

② 부분파업에 대해서는 일반적으로 이에 대응하는 부분적 직장폐쇄만이 용인되고, 부분파업이 기업 전체를 정지시키는 등 예외적인 경우를 제외하고는 여기에 전체 직장폐쇄를 하는 것은 문제가 있다. 또한, 전체파업에 대하여 일부에 한해서만 직장폐쇄를 하는 것은 차별대우로서 부당노동행위가 되는 수가 있다. 단체협약상의 평화의무나 평화조항에 따라 행해지는 직장폐쇄가 문제시되는 것은 당연한 귀결이라고 본다.

③ 직장폐쇄는 기업의 사회적 책임 의무라는 측면에서 고려해 볼 때 문제가 있다는 것이다. 현대경영이론에 의하면 산업사회의 욕구가 다양해 질수록 사용자의 사회적 책임 의무를

강조하고 있다. 적어도 기업은 존속되어야 하고 중단할 수 없으며 계속 유지되며 발전해야 한다는 사회적 책임이 그 첫째 의무이다. 다음으로 종업원에 대한 인간적 만족을 충족시켜 주는 종업원 후생복지라는 의무를 두 번째로 강조하고 있다.

④ 끝으로 기업은 소비자 · 근로자 · 투자자 · 주주 · 지역사회 · 정부 등 많은 이해관계 조정자들의 이해조정책임의무가 있다. 이와 같은 사용자의 사회적 책임의무는 모든 법이나 제도에 우선해야 한다는 기업의 윤리경영적 가치기준이 형성되는 것이다. 따라서 사용자의 직장폐쇄는 산업평화를 이루게 하는 무기로 합법화될 수 없다.

노동쟁의를 조정하라.

조정이란 무엇인가.

노동조합 및 노동관계조정법 제5장 노동쟁의의 조정 규정에 의하면 동법 제47조(자주적 조정의 노력), 제48조(당사자의 책무), 제49조(국가 등의 책무), 제50조(신속한 처리), 제51조(공익사업 등의 우선적 취급), 제52조(사적조정 · 중재) 등으로 구성되어 있다.

노사관계는 단체협약에 의하여 평화적으로 이룩되는 것이 가장 이상적인 것이지만 노사의 이해와 대립이 언제나 평화적으로 해결될 수는 없으며, 어떤 의미에서는 협약자율은 집단적 이해관계의 대립을 힘에 의하여 해결할 수 있는 방법이 전제되어 있기 때문에 가능한 것이라고 할 수 있다. 그러나 노사간의 분쟁은 당사자들 자신에게 경제적 손실을 가져올 뿐만 아니라 때로는 국민생활에 대하여도 많은 영향을 미치게 된다. 그리하여 노동쟁의조정은 노동관계의 공정한 조정을 도모하고 노동쟁의를 예방 또는 해결함으로써 산업평화 유지와 국제경쟁력에 기여함을 목적으로 하여야 한다.

노동3권의 보장 내지 협약자치와 관련하여 노사의 이해관계의 대립을 조정하는 방법이 어느 정도까지 양 당사자에게 만족스러운 결과를 가져올 수 있느냐 하는 것은 매우 중요한 문제이다. 노사 쌍방이 수긍할 수 있는 합리적인 해결을 모색하기 위해서는 국가의 법률이나 행정관청이 주도적으로 개입하는 것은 바람직하지 못하며, 노사의 자주적인 해결이 요청된다.

표 7-4 노동쟁의 조정

유 형	특 징
1. 조정(調停)	(1) 노동조합 및 노동관계조정법(제53조~제61조) (2) 강제개시주의 채택 (3) 일반사업 10일, 공익사업 15일 이내에 종료 (4) 조정기간을 관계당사자간의 합의로 연장할 수 있음. (5) 조정위원회 노・사・정 대표 3인으로 구성

유 형	특 징
2. 중재(仲裁)	(1) 노동조합 및 노동관계 조정법(제62조~제70조) (2) 단체협약에 의하여 중재를 신청할 때 중재를 향한다. (3) 필수 공익사업에 있어서 노동위원회위원장이 특별조정위원회 권고에 따라 중재 (4) 노동위원회위원장의 지명한 3인으로 구성한다.
3. 긴급조정(緊急調整)	(1) 노동조합 및 노동관계 조정법(제76조~제80조) (2) 공익사업, 국민경제를 해치거나 국민의 일상생활 위태롭게 할 때 (3) 노동부장관은 중앙노동위원회의 의견청취후 긴급조정발동 (4) 공표일로부터 30일이 경과하지 않으면 쟁의행위를 재개 보한다(동법 제77조).
4. 특별조정위원회설치 (特別調整委員會)	(1) 노동조합 및 노동관계조정법(제72조~제75조) (2) 공익사업의 노동쟁의 조정 (3) 노동위원회에 특별조정위원회 둔다. (4) 공익을 대표하는 위원 중에서 노조와 사용자간 순차적으로 배제하고 남은 3인~5인 중에서 노동위원장이 지명한다.

주: 필수 공익사업의 범위: 노동조합 및 노동관계조정법 제71조 참조.

조정의 내용을 설명한다.

조정의 개시 · 종료 · 연장

조정(調停: mediation)은 노동위원회가 노동조합 및 노동관계조정법 제53조(조정의 개시) 규정에 따라 관계당사자의 일방이 노동쟁의 조정을 신청한 때에는 지체없이 조정을 개시하여야 하며, 관계당사자 쌍방은 이에 성실히 임하여야 한다.

일반적으로 조정의 절차는 당사자의 신청을 전제로 하는 임의조정이 원칙이지만 노동조합 및 노동관계조정법상의 조정은 강제개시주의를 채택하고 있다. 동법 제54조 조정기간은 동법 제53조의 규정에 의한 조정의 신청이 있는 날로부터 일반사업에 있어서는 10일, 공익사업에 있어서는 15일 이내에 종료하여야 한다. 그러나 조정기간은 관계당사자간의 합의로 일반사업에 있어서는 10일, 공익사업에 있어서는 15일 이내에서 연장할 수 있다.

조정위원회의 구성과 활동

조정은 노동위원회에서 구성된 조정위원회가 담당한다(노동조합 및 노동관계조정법 제55조 제1항). 조정위원회는 노・사・공익을 대표하는 조정위원 3인으로 구성된다(동법 제55조 제2항). 조정위원회 또는 단독 조정인은 기일을 정하여 분쟁의 현황과 관계당사자들의 의견을 파악하기 위하여 관계당사자 쌍방을 출석케 하여 주장의 요점을 확인하거나(동법 제58조), 조정안을 작성하여 이를 관계당사자에게 제시하고 그 수락을 권고하는 동시에 그 조정안에 이유를 붙여 공표할 수 있으며, 필요한 때에는 신문 또는 방송에 의한 협력을 요청할 수 있다(동법 제60조 제1항).

조정안이 관계당사자의 쌍방에 의하여 수락된 후 구체적인 해석 또는 이행방법에 관하여 의견의 불일치가 있을 때에는 유권해석 또는 이해방법에 관한 명확한 견해의 제시를 요청하여야 한다(동법 제60조 제3항). 그리고 조정위원회 또는 단독 조정인은 동법 제60조 제3항의 규정에 의한 요청을 받은 때에는 그 요청을 받은 날부터 7일 이내에 명확한 견해를 제시하여야 한다(동법 제60조 제4항).

조정의 효력

조정안이 관계당사자에 의하여 수락된 때에는 조정위원 또는 단독 조정인은 조정서를 작성하고 관계당사자와 함께 서명 날인하여야 한다(동법 제61조 제1항). 이 조정서의 내용은 단체협약과 동일한 효력을 가진다(동법 제61조 제2항).

중재는 어떻게 하는 것인가?

중재의 개시와 쟁의행위의 금지

중재(arbitration)는 조정과는 달리 노사의 자주적 해결의 원칙과는 가장 거리가 먼 조정제도이나 현행법에서는 노동위원회가 관계당사자의 쌍방이 함께 신청이 있을 때에 그 절차가 개시되는 중재와 관계당사자의 일방이 단체협약에 의하여 중재를 신청할 때 중재를 행한다. 노동조합 및 노동관계조정법 제62조 중재의 개시는 ① 관계당사자의 쌍방이 함께 중재를 신청한 때, ② 관계당사자의 일방이 단체협약에 의하여 중재를 신청할 때에는 중재를 한다. 중재시의 쟁의행위의 금지는 노동쟁의가 중재에 회부된 때에는 그 날로부터 15일간은 쟁의행위를 할 수 없다(동법 제63조).

중재위원회의 구성

노동쟁의의 중재 또는 재심을 위하여 노동위원회에 중재위원회를 둔다. 동위원회는 공익을 대표하는 노동위원회의 위원 중에서 관계당사자의 합의에 따라 노동위원회의 위원장이 지명한 3인의 위원으로 구성된다(동법 제64조 제1, 2, 3항). 그리고 노사대표위원은 중재위원회의 동의를 얻어 그 회의에 출석하여 의견을 진술할 수 있다(동법 제66조 제1, 2항 : 주장의 확인 등). 그리고 중재위원회의 위원장은 중재위원 중에서 호선되며(동법 제65조 제2항), 중재위원회의 위원장은 관계 당사자와 참고인 외의 자의 회의출석을 금할 수 있다(동법 제67조 : 출석금지).

중재재정의 효력

중재재정은 서면으로 작성되어야 하며, 그 서면에는 효력발생 기일을 명시하여야 한다(동법 제68조 제1항). 중재재정은 중재재정서가 관계당사자에게 도달되면 단체협약과 동일한 효력을 가진다. 그리고 중재재정이 위법이거나 월권인 경우에 한하여 관계당사자는 소정의 기일내에 중앙노동위원회에 재심을 신청하거나 또는 행정소송을 제기할 수 있다. 또한 중재재정 또는 재심결정의 내용은 단체협약과 동일한 효력을 가진다(동법 제70조 제1, 2항).

긴급조정과 효과

왜 긴급조정을?

쟁의행위가 공익사업에 있어서 행하여지거나 또는 그 규모와 성질이 특별한 것으로서 현저히 "국민경제를 해치거나 국민의 일상생활을 위태롭게 할 위험이 있는 경우에는" 고용노동부장관은 중앙노동위원회 위원장의 의견을 들은 다음 긴급조정을 행할 수 있다(동법 제76조 제1, 2항). 이때에 고용노동부장관이 중앙노동위원회의 의견을 듣는다 함은 법률적으로 중앙노동위원회의 의견에 구속된다는 것을 의미하는 것이 아니고 긴급조정을 담당하게 될 동 위원회의 의견을 충분히 존중한다는 뜻으로 해석된다.

긴급조정의 절차

고용노동부장관이 긴급조정의 결정을 한 때에는 이를 공표함과 동시에 중앙노동위원회와 관계당사자에게 각각 통고하여야 한다(동법 제76조 제3항). 중앙노동위원회는 고용노동부장관의 통고를 받으면 지체없이 조정을 개시하여야 하며(동법 제78조), 조정이 성립될 가망이 없다고 인정한 경우에는 긴급조정 통고를 받은 날로부터 15일 이내에 중재에의 회부여부를 결정하여야 한다(동법 제79조 제1, 2항). 중재는 중앙노동위원회가 중재회부의 결정을 한 때나 관계당사자 쌍방 또는 일방으로부터 중재신청의 요청이 있을 때 행해진다.

긴급조정의 결정이 공표된 때에는 관계당사자는 즉시 쟁의행위를 중지하여야 하며, 공표일로부터 30일이 경과하지 않으면 쟁의행위를 재개할 수 없다(동법 제77조).

긴급조정의 효과

긴급조정에 의하여 조정안이 관계당사자에 의하여 수락되거나 또는 중재재정이 내려지면 조정안과 중재재정서는 단체협약과 동일한 효력을 가진다.

이와 같은 긴급조정제도는 미국의 태프트-하틀리법(Taft-Hartley Act)의 국가긴급조항을 모방한 것으로서 쟁의당사자의 의사에 관계없이 공익사업에 관한 것이거나 그 규모가 크거나 그 성질이 특별하여 국민경제나 국민생활에 중대한 영향을 미치는 쟁의행위를 정지시켜 중앙노동위원회에 의하여 강제적으로 쟁의의 조정을 행하는 제도이다.

특별조정위원회가 설치된다.

특별조정위원회의 구성

노동조합 및 노동관계조정법 제72조는 공익사업의 노동쟁의의 조정을 위하여 노동위원회에 특별조정위원회를 둔다. 이 특별조정위원회는 특별조정위원 3인으로 구성한다. 특별조정위원회는 노동위원회의 공익을 대표하는 위원 중에서 노동조합과 사용자가 순차적으로 배제하고 남은 3인 내지 5인 중에서 노동위원회의 위원장이 지명한다. 다만, 관계당사자가 합의로 당해노동위원회 위원이 아닌 자를 추천하는 경우에는 그 추천자를 지명한다(동법 제72조 제1, 2, 3항).

중재회부의 권고

특별조정위원회의 위원장은 공익을 대표하는 노동위원회의 위원인 특별조정위원 중에 호선하고, 당해 노동위원회의 위원이 아닌 자만으로 구성된 경우에는 그 중에서 호선한다. 다만, 공익을 대표하는 위원인 특별조정위원이 1인인 경우에는 당해 위원이 위원장이 된다(동법 제73조 제2항). 특별조정위원회는 필수공익사업에 있어서 조정이 성립될 가망이 없다고 인정한 경우에는 결정에 의하여 그 사건의 중재회부를 당해 노동위원회에 권고할 수 있다. 이 권고는(제54조 규정) 조정의 신청이 있는 날로부터 조정기간이 만료되기 전에 하여야 한다(동법 제74조 제1, 2항).

중재회부의 결정

노동조합 및 노동관계조정법 제75조 중재회부의 결정 규정은 노동위원회 위원장이 동법 제74조 제1항의 규정에 의한 권고가 있는 경우에는 공익위원의 의견을 들어 그 사건을 중재에 회부할 것인가의 여부를 결정하여야 한다.

필수공익사업장별 필수유지업무는 무엇인가?

2008년도부터 직권중재제도가 없어짐에 따라 병원과 항공운수, 철도 등 필수공익사업장에서도 합법파업이 가능하다. 대신 응급실이나 항공기 조종, 철도, 지하철의 운전업무 등에 대해서는 최소한의 인원을 유지해야 한다.

고용노동부는 필수공익사업장 업무중 파업이 최소한으로 제한되는 필수유지업무 범위를 지정하는 내용의 노동조합 및 노동관계조정법 시행령 개정안을 입법예고한 바 있다.

노조법에 규정된 필수 공익사업은 (1) 철도, 도시철도 (2) 항공운수 (3) 수도 (4) 전기 (5) 가스 (6) 석유 (7) 병원 (8) 혈액공급 (9) 한국은행 (10) 통신 (11) 우정사업 등이다.

이러한 필수유지업무 지정은 2006년도 노・사・정이 합의한 노사관계법, 제도선진화 방안에 의하여 2008년부터 필수공익사업장에 적용돼 온 직권중재제도가 폐지되는 데 따른 보완책이라고 볼 수 있다.

필수공익사업장에 대해 15일 동안 파업을 금지할 수 있는 직권중재는 그동안 노조파업권을 사전에 제한한다는 국내외 비판을 받아왔다. 필수업무는 파업을 하더라도 최소한의 인원을 유지해 업무가 중단되는 일이 발생해서는 안된다.

필수유지업무의 유지수준과 대상 직무, 인원 등 구체적 운용방법은 노사가 자율적으로 정하되 노사합의가 이루어지지 않으면 노동위원회가 결정한다.

표 7-5 공익사업과 필수공익사업의 구분

공익사업	필수 공익사업
노동조합 및 노동관계조정법 제71조①항	노동조합 및 노동관계조정법 제71조②항
·공중의 일상생활과 밀접한 관련사업 ·국민경제에 미치는 영향이 큰 사업 1. 정기노선여객운수업 및 항공운수사업 2. 수도·전기·가스·석유정제 및 석유 공급사업 3. 공중위생 및 의료사업 및 혈액공급사업 4. 은행 및 조폐사업 5. 방송 및 통신사업 등	·공익사업의 업무 정지, 폐지가 국민의 생활을 현저히 위태롭게 하는 사업 ·국민경제를 현저히 저해하고, 그 업무의 대체가 용이하지 아니한 사업 1. 철도사업, 도시철도 사업 및 항공운수사업 2. 수도·전기·가스·석유정재 및 석유공급사업 3. 병원사업 및 혈액공급시설 4. 한국은행사업 5. 통신사업

표 7-6 필수공입사업장별 필수유지업무

사업·기관	필수공익사업장별 필수유지업무
1. 철도/도시철도	운전, 관제, 전기, 통신, 정비, 보수 등
2. 항공운수	탑승수속, 보완검색, 조종운항통제, 항공기 정비, 안전보완 관리 등
3. 수 도	취수, 정수, 배수 등
4. 전 기	발전설비의 운전, 정비 안전관리, 배전 등

사업 · 기관	필수공익사업장별 필수유지업무
5. 가 스	인수, 제조, 저장, 공급 등
6. 석 유	인수, 제조, 저장, 공급 등
7. 병 원	응급의료업무, 중환자 치료, 분만, 수술 등
8. 혈액공급	채혈, 검사, 제제, 수송 등
9. 한국은행	통화신용정책, 한국은행권 발행, 예금지급준비, 대출, 지급결재업무 등
10. 통 신	기간망과 가입자망 운영관리 등
11. 우 정	우편법 제14조 규정에 의한 기본 우편업무 등

주: 노조가 필수유지업무를 지키지 않을 때는 3년 이하 징역, 3천만원 이하 벌금 부과

> 노동조합이 필수유지업무 의무를 지키지 않을 때는 3년 이하 징역 또는 3000만원 이하 벌금이 부과된다.

이와 함께 현행 노동법상에서는 합법파업중인 사업장에서 대체근로를 시킬 수 있다. 앞으로 필수공익사업장에서 쟁의행위가 발생했을 때는 파업참가인원의 범위에서 대체근로가 허용된다.

필수유지업무에 관한 노사의 견해

노동계의 견해

노동계는 필수유지업무 범위가 지나치게 광범위해 노조 단체행동권을 심각하게 제약하게 될 것이라고 피력하고 있다.

• 한국노총의 견해

필수유지업무 범위는 쟁의권이 보상될 수 있도록 엄격하게 한정적으로 지정돼야 함에도 정부는 시행령에서 필수공익사업에 해당된다고 볼 수 없는 철도, 도시철도, 항공, 우정사업 등 업무 전반을 필수유지업무로 지정했다고 비판한다.

• 민주노총의 견해

"필수공익사업장 내 대다수 업무가 필수유지업무로 규정돼 노동자 노동기본권을 정면으로 부정하고 있다"며 "공공부문 노동자들이 파업을 하게 되면 대체근로가 허용될 뿐 아니라 긴급조정과 강제중재도 뒤따르게 되는 상황에서 이 같은 시행령 개정안은 필수공익사업장 노동자단체행동권을 무력화 시켰다."고 비판한다.

✔ 재계의 견해

재계는 노동계 주장만 반영했다고 불만을 드러내고 필수공익사업장별 필수유지업무에 대해서는 파업금지 조치를 해야한다고 주장하고 있다.

• 경영자총협회(경총)의 견해

경총은 "국민의 생명과 안전을 보장하기 위한 필수 유지업무를 유지하기 위해 더욱 포괄적인 규정방식을 취해야 한다"고 지적하고 있다.

또한 앞으로 필수공익사업장에서 노사불안이 국민 생명과 안전을 위협하지 않도록 하는 데 정부노력이 필요하다" 고 역설하고 있다.

21세기 글로벌시대부터 세계 선후진국을 막론하고 필수공익사업장별 필수 유지업무는 노사간 신중을 기하고 파업금지조치를 단행하는 국가들이 증가하고 있다.

8

FOCUS

부당노동행위제도를 관찰하자.

- 부당노동행위란 무엇인가?
- 부당노동행위의 유형은 5가지가 있다.
- 부당노동행위 구제제도에 관심을 갖자.
- 경영상 이유에 의한 해고의 제한

8

FOCUS

부당노동행위제도를 관찰하자.

부당노동행위란 무엇인가?

부당노동행위(不當勞動行爲)제도는 노동3권의 구체적인 보장을 위한 행정적인 보호제도이며, 부당노동행위는 사용자가 정상적인 근로자의 노동조합운동이나 노동조합의 정상적인 활동을 방해하는 행위를 말한다.

이 제도의 본질은 근로자의 노동3권에 대한 사용자의 부당한 간섭과 핍박 그리고 압력으로부터 근로자개인 및 단체인 노동조합을 보호함으로써 노사간의 공정한 관계를 유지하여 산업평화를 이룩하려는 데 있다.

■ 부당노동행위제도의 유래

- 1935년 미국 Wagner Act 처음 창설
- 최초 노조의 어용화 방지를 위하여 입법화
- 사용자의 노조활동간섭, 조합지배, 차별대우, 산업발전 위협 등 금지하는 조항 둠.

부당노동행위제도는 1935년 미국의 와그너 법(Wagner Act)에서 처음으로 창설된 제도이고, 최초에는 노동조합의 어용화를 방지하기 위하여 입법화된 것이며 사용자의 노동조합 활동에 대한 간섭, 조합지배, 차별대우, 산업발전의 위협 등을 부당노동행위로서 규정하고 금지하는 조항을 두었다.

와그너 법에 의하여 노조가 부당노동행위로 입법적 보호를 받게 되자 노동조합이 비대하게 되었으며, 노동강도의 세력에 의한 산업발전과 안정에 위협을 받게 되었다. 그리하여 1947년에 제정된 태프트-하틀리법(Taft- Hartley Act)에서는 근로자와 사용자의 동등한 균형을 취하고자 노동조합측의 부당노동행위를 새로 추가하였다. 이것은 노사간의 힘의 균형을 꾀하기 위한 것이기도 하지만, 오히려 노사간의 자유로운 거래의 계약을 배제하려는데 그 목적을 두고 있었다.

그 후 이 제도는 일본 · 캐나다 · 인도 · 멕시코 등 여러 나라에서 채택되어 왔으며, 우리나라에서도 이 제도를 도입 · 채택하고 있다. 우리나라에서는 1953년에 제정된 최초의 노동조합법에서 미국의 테프트-하틀리법을 모방하여 사용자에 의한 부당노동행위와 함께 근로자측의 부당노동행위까지 규정하여 이에 대한 처벌규정까지 정하였으나 10년 후인 1963년 개정노동조합법에서 노동조합측의 부당노동행위의 규정을 삭제하고 미국의 와그너 법(Wagner Act)을 추종하는 사용자의 부당노동행위제도만을 신설・확대하였다. 우리나라 "노동조합 및 노동관계조정법" 제81조에서는 사용자의 부당노동행위를 규정하고 있다.

부당노동행위의 유형은 5가지가 있다.

부당노동행위의 종류는 나라마다 특색있게 규정하고 있으며, 산업평화와 노동3권의 현실적 보장이라는 측면에서 대부분 국가의 내용들이 대동소이함을 보여 주고 있다.

우리나라의 "노동조합 및 노동관계조정법" 제81조에서는 〈표 8-1〉과 같은 5종류의 행위를 사용자의 부당노동행위로 규정하고 이를 금지하고 있다.

표 8-1 부당노동행위 5가지 유형

유 형	내 용
• 불이익대우 〈제81조 제1항〉	근로자가 조합원이라는 것을 이유로 그 근로자를 다른 근로자와 차별대우하여 해고하거나 불이익을 주는 행위
• 황견계약 〈제81조 제2항〉	근로자가 노동조합에 가입하지 아니할 것, 또는 탈퇴할 것을 고용조건으로 하거나 특정한 노동조합의 조합원이 될 것을 고용조건으로 하는 행위
• 단체교섭거부 〈제81조 제3항〉	노동조합측으로부터의 단체협약체결이나 기타의 단체교섭을 정당한 이유없이 거부하거나 해태하는 행위
• 지배·개입 및 경비원조 〈제81조 제4항〉	근로자가 노동조합을 조직 또는 운영하는 것을 지배하거나 이에 개입하는 행위와 노동조합의 운영비를 원조하는 행위
• 보복적 불이익취급 〈제81조 제5항〉	근로자가 정당한 단체행동에 참가한 것을 이유로 하거나 또는 노동위원회에 사용자의 부당노동행위를 신고·증언하거나, 기타 행정관청에 증거를 제출한 것을 이유로 그 근로자를 해고하거나 불이익을 주는 행위

자료: 노동조합 및 노동관계조정법 제81조 제1항, 2항, 3항, 4항, 5항 참조.

불이익대우(不利益待遇)

노동조합 및 노동관계조정법 제81조 제1항은 불이익대우의 원인이 되는 요건으로 근로자가 노동조합에 가입 또는 가입하려고 하였거나 노동조합을 조직하려고 하였거나 기타 노동조합의 업무를 위한 정당한 행위를 한 것을 이유로 그 근로자를 해고하거나 그 근로자에게 불이익을 주는 행위를 부당노동행위로 규정하고 있다.

불이익대우는 현실적인 행위나 조치가 나타날 때 그 의미가 있다. 또한, 불이익대우는 상대적인 개념으로서 종래의 통례와 비교하여 과도한 불이익을 준다든가 또는 근로자에게 부여한 이익을 주지 않는 것은 모두 이에 해당한다고 보아야 할 것이다.

해고는 불이익대우로서 가장 전형적인 불이익대우의 형태이며, 전근, 배치전환, 출근정지, 휴직, 복직거부, 계약갱신거부, 고용거부, 차별승급, 강등 및 복지시설의 차별적 이용, 공장폐쇄 등을 들 수 있다.

황견계약(黃犬契約)

노동조합 및 노동관계조정법 제81조 제2항에서는 "근로자가 노동조합에 가입하지 아니할 것 또는 탈퇴할 것을 고용조건으로 하거나 특정한 노동조합의 조합원이 될 것을 고용조건으로 하는 행위"를 부당노동행위로 규정하고 있는데, 이 규정이 이른바 비열계약(卑劣契約) 또는 황견계약(黃犬契約 : yellow dog contract)이라고 하는 금지규정이다.

황견계약은 조합조직을 부인하거나 약화시키기 위하여 혹은 단체교섭을 회피하기 위한 수단으로서, 조합에 가입한 자는 그 조합으로부터 탈퇴할 것을, 또는 특정한 노동조합, 즉 어용조합을 만들어 새로 고용되는 자나 이미 고용되어 있는 자는 그 조합에 가입할 것 등의 내용을 갖는 계약이며 이에 대한 대가로서 고용기회를 제공하는 것이다.

노동조합에 가입하더라도 조합활동은 하지 않는다는 것을 고용조건으로 하는 경우에도 이는 단결권에 대한 침해행위이므로 당연히 황견계약에 해당된다고 보아야 할 것이다.

단체교섭의 거부(團體交涉拒否)

노동조합 및 노동관계조정법 제81조 제3항에서는 “노동조합의 대표자 또는 노동조합으로부터 위임을 받은 자와의 단체협약체결, 기타의 단체교섭을 정당한 이유없이 거부하거나 해태하는 행위”를 부당노동행위로 규정하여 이를 금지하고 있다.

노동조합은 근로자의 단결에 의하여 사용자와 실질적으로 대등한 지위에 서서 근로조건을 결정하고 근로자의 지위를 향상시키려는 목적에서 조직된 것이다. 그런 의미에서 단체교섭은 노동조합의 중요한 기능이며, 단결권도 단체교섭을 떠나서는 생각할 수 없다. 그러므로 사용자가 정당한 이유없이 단체교섭을 거부하는 것은 조합의 존재를 부인하는 것과 같으므로 노동조합의 실질적 존재의의를 해하는 것이 되고 나아가서 단결권의 침해가 되므로 이것을 부당노동행위로서 금지하고 있으며, 이는 사용자에게 조합승인의 법적 의무를 부과하는 것이 된다.

지배 · 개입 및 경비원조(支配 · 介入 · 經費援助)

노동조합 및 노동관계조정법 제81조 제4항에서는 "근로자가 노동조합을 조직 또는 운영하는 것을 지배하거나 이에 개입하는 행위와 노동조합의 운영비를 원조하는 행위"를 부당노동행위라 하여 이를 금지하고 있다.

"다만, 근로자가 근로시간 중에 사용자와 협의 또는 교섭하는 것을 사용자가 허용함은 무방하며, 또한 근로자의 후생자금 또는 경제상의 불행 기타 재해방지와 구제 등을 위한 기금의 기부와 최소한 규모의 노동조합사무소의 제공은 예외로 한다"고 규정하고 있다.

사용자의 지배 및 개입의 양태는 다음과 같이 크게 두 가지로 구분하여 생각할 수 있다.

① 조합조직에 대한 지배 · 개입으로서 노동조합의 설립행위 자체를 방해하고 억압하는 행위를 하는 것과, 조합설립과 관련하여 간섭하는 행위를 말한다.

② 조합운영에 대한 지배 및 개입으로서는 ㉮ 조합활동에 대한 사용자의 일반적인 간섭과 방해, ㉯ 쟁의행위의 억압과 금지, ㉰ 2개의 조합이 있는 경우 어용노동조합을 우대하는 등 조합 간의 차별대우를 들 수 있다.

근로자의 단결권을 보호받기 위해서는 자주성이 있어야 하는

데, 여기에서 지배·개입이라는 말은 독립성을 침해하는 행위를 포괄하는 개념이다. 따라서 위의 규정은 노동조합의 자주성과 독립성을 보호하기 위하여 마련된 것이라 할 수 있다.

✔ 노동조합의 운영비 원조문제

사용자가 노동조합의 운영비를 원조하는 행위 또한 부당노동행위로 규정하여 이를 금지하고 있다. 이는 대립관계에 있는 노동조합이 사용자로부터 그 운영을 위하여 경비의 원조를 받는 것은 대항단체로서의 자주성을 잃게 되고 어용화의 가능성이 많기 때문이다. 그러나 노동조합 및 노동관계조정법 제81조 제4항 단서에서는 다음과 같은 예외적 범위를 규정하여 이러한 원조행위는 허용하고 있다.

첫째, 근로자가 근로시간 중에 사용자와 협의 또는 교섭하는 것을 사용자가 허용하는 것.

둘째, 근로자의 후생자금 또는 경제상의 불행 및 기타 재해방지와 구제 등을 위한 기금을 기부하는 것.

셋째, 최소한의 규모의 노동조합 사무소를 제공하는 것 등이다.

경비원조에 해당되는 유형으로는 조합의 전임자에 대하여 급여를 지급하는 것 등도 있으나 노동조합 및 노동관계조정법 제24조는 전임자의 급여를 금지하고 있다.

조합간부의 급여나 경상비를 사용자가 지급하는 것 -부당노동행위

조합간부의 급여나 조합의 경상비를 사용자가 지급하는 것은 노동조합의 자주성을 해칠 우려가 크기 때문에 부당노동행위에 해당하기 때문에 금지되는 것이 바람직하다.

보복적 불이익취급(報復的 不利益取扱)

노동조합 및 노동관계조정법 제81조 제5항은 보복적 불이익취급을 근로자가 정당한 쟁의행위에 참가한 것을 이유로 하거나 또는 노동위원회에 사용자의 부당노동행위를 신고 또는 증언하거나 기타 행정관청에 증거를 제출한 것을 이유로 그 근로자를 해고시키거나 그에게 불이익을 주는 행위를 말한다.

이 보복적 불이익취급도 불이익대우와 같이 해고 · 전직 · 감봉 등의 대표적 사례가 나타나는 것이며 반드시 사용자측의 그럴듯한 구실과 타당성 있는 이유가 뒤따르게 되므로 보복적 불이익취급임을 증명할 수 있는 증거를 제시하는 것이 중요하다.

부당노동행위 구제제도에 관심을 갖자.

처벌주의와 원상회복주의

부당노동행위는 사용자의 조합활동의 방해를 제거하는데 근본 목적이 있으므로 사용자로 하여금 일정한 행위를 하지 못하도록 법률로써 금지하는 것만으로는 불충분하며, 침해행위가 일어났을 경우에는 적절한 대책이 필요하다.

이러한 구제대책에는 처벌주의와 원상회복주의가 있다. 전자는 부당노동행위를 범죄로 규정하여 그 행위자를 처벌함으로써 부당노동행위의 발생을 막는다는 입장이고 후자는 부당노동행위 자체를 범죄로 보지 않고 그 행위가 있기 전의 원상으로의 회복을 중요시하여 원상회복을 하도록 일단 명령을 내리고 이 명령에 위반할 때는 이를 범죄로 보아 처벌한다.

원래 노사관계의 분규는 소구하는 구제의 내용이 법원의 판정과 같이 한번의 판단으로 해결될 성질이 아니라 탄력성이 있으며, 또 침해된 권리가 피해고자의 복직과 같이 오랜 동안 미해결상태로 끌 수 없는 급박한 것이므로 부당노동행위제도의 채택국에서는 무료속결주의를 택하여 전담기관을 두고 있다.

우리나라에서도 행정위원회인 노동위원회를 설치하고, 부당노동행위의 재정 등 노사관계 분규해결의 임무를 수행하도록 하고 있다.

현행제도 : 구제제도와 처벌제도

현행 우리나라 노동조합 및 노동관계조정법은 부당노동행위에 대하여 당초의 처벌주의로부터 원상회복주의로 전환된 것을, 1986년도 노동조합법 개정시에 처벌주의로 다시 바뀌었다.

즉, 현행제도는 구제제도와 처벌제도를 동시에 규정하고 있으며, 이때의 처벌은 피해자의 명시된 의사에 따라 구제될 수 있다는 데 특색이 있다. 또한, 구제절차에 있어서는 당사자주의를 채택하여 구제절차의 개시를 당사자인 근로자 및 노동조합으로 하고 있다는 것이 특색이다.

노동위원회에 의한 구제

부당노동행위의 관할권

부당노동행위는 지방노동위원회 및 중앙노동위원회가 심사를 달리하는 2심제를 기본으로 하는데, 그 위에 행정소송을 인정하여 형식상 3심제를 이루고 있다. 1심은 부당노동행위가 발생한 사업장의 소재지를 관할하는 지방노동위원회가 관장하며, 2심에 해당하는 중앙노동위원회는 재심사건, 관장이 경합된 사건, 기타 중요한 사건 등을 관장하는 것을 원칙으로 한다.

이상 지방노동위원회와 중앙노동위원회는 상설기관이지만, 특정한 사항을 관장케 하기 위하여 비상설기관으로서 특별노동위원회를 설치할 수 있다. 둘 이상의 서울특별시 · 광역시 또는 도에 걸친 사건 및 특히 전국적으로 중요하다고 인정되는 사건에 대해서는 중앙노동위원회가 초심으로서의 관할권을 가진다. 중앙노동위원회의 결정에 대하여 불복하는 경우에는 행정소송을 제기할 수 있다.

구제신청

사용자의 부당노동행위로 인하여 그 권리를 침해당한 근로자 또는 노동조합은 그 행위가 일어난 지방을 관할하는 지방노동위원회에 그 구제신청을 할 수 있다. 구제신청은 부당노동행위가 일어난 날(계속하는 행위는 그 종료일)로부터 3월 이내에 서면으로 하여야 한다. 구제신청의 상대방은 부당노동행위를 실제로 행한 자연인으로서의 사장이나 중역이 아니라, 구제의무를 부담하는 기업 자체가 된다(제82조 제2항).

조사절차

노동위원회는 구제신청을 받으면, 지체없이 필요한 조사와 관계당사자의 심문, 증인심문, 증거제출, 증인에 대한 반대심문 등의 심사를 하여 부당노동행위의 성립 여부를 가려내고 적절한 조치(구제명령 또는 기각결정)를 취하게 된다. 노동위원회의 조사 및 심문에 관한 절차는 소송절차에 있어서의 변론과 증거조사에 해당하는 핵심적 부분으로서 민사소송에 있어서와 마찬가지로 당사자 쌍방에 공격과 방어의 기회를 공평하게 보장하고(당사자 대등의 원칙) 공개주의를 채택함으로써 처리의 공정을 기하고 있다. 조사와 심문에 관한 절차는 중앙노동위원회 자체에서 정하도록 되어 있다(제83조 제1, 2, 3항).

판 정

노동위원회가 심사를 종료하고 나면, 부당노동행위의 성립여부를 판정하고 구제명령을 하거나 또는 구제신청을 기각하는 결정을 하여야 한다. 이때의 판정에는 노동위원회의 3인 내지 5인의 공익위원만이 참여하므로 합의재판에 비교될 수 없다. 여기에서 말하는 판정에 있어서는 문제된 행위의 민법·형법상 법률효과에 구애되지 않으며, 반대로 노동위원회의 판정이 그 행위의 법률효과를 좌우하는 것도 아니다. 예컨대, 법상으로는 유효하게 성립된 노동계약의 해고라 할지라도, 그것의 노동관행으로 보아서 부당하다고 판정할 때는 노동위원회는 사용자에 대하여 원상회복(복직명령 등)을 명할 수 있다. 부당노동행위에 대한 판정과 구제명령은 노동위원회의 공익위원만이 행사하는 권한에 속하지만 조사 및 심문절차에는 사용자위원과 근로자위원도 관여할 수 있다.

구제명령

① 심사절차가 끝나고 노동위원회는 부당노동행위가 성립한다고 판정한 때에는 사용자에게 구제명령을 하여야 한다. 그것이 성립하지 않는다고 판정한 때에는 그 구제신청을 기각하는 결정을 하여야 한다(제84조 제1항). 이와 같은 판정과 명령은 공익위원만이 행한다.

② 구제명령에 위반한 자는 처벌된다. 구제명령의 내용은 부당노동행위의 침해된 상태를 회복하는데 필요하다고 생각되는 적절하고 구체적인 조치로 나타난다. 예컨대, 해직의 경우 원직에의 복귀와 그때까지의 임금상당액의 소급지급, 단체교섭거부시의 교섭사항, 교섭담당자, 교섭시기 등을 명령할 수 있다. 또한, 조합에의 불가입, 조합탈퇴, 특정조합에의 가입을 조건으로 한 계약은 그 계약의 파기를 명한다.

재심과 구제명령의 효력

지방노동위원회 또는 특별노동위원회의 구제명령 또는 기각판정에 불복이 있는 사용자 혹은 노동조합 또는 당사자는 명령서 또는 기각통지서의 송달을 받은 날로부터 10일 이내에 중앙노동위원에 재심을 신청할 수 있다(제85조 제1항).

다만, 재심의 신청이 있더라도 초심명령은 그 효력이 정지되지 않으며, 중앙노동위원회의 재심사에 의하여 취소 또는 변경의 경우에 비로소 효력을 상실한다.

행정소송에 의한 구제

현행 노동조합 및 노동관계조정법 제85조 제2항을 보면 "중앙노동위원회의 구제명령이나 기각결정 또는 재심판정에 대하여 관계당사자는 그 명령서 · 결정서 또는 재심판정서의 송달을 받은 날로부터 15일 이내에 행정소송법의 정하는 바에 의하여 행정소송을 제기할 수 있다"고 규정하고 있다. 동조 제3, 4항에서는 "15일 이내에 재심을 신청하지 아니하거나 행정소송을 제기하지 아니한 때에는 그 구제명령 · 기각결정 또는 재심판정은 확정되며 관계 당사자는 이에 따라야 한다"고 규정하고 있다.

다만, 중앙노동위원회의 구제명령 등의 효력은 행정소송의 제기에 의하여 정지되지 않으며 행정소송의 판결이 난 후에 비로소 취소된다. 이와 같이 최종적으로 법원의 행정소송에 의하여 구제될 수 있다.

부당노동행위의 벌칙

노동조합 및 노동관계조정법 제90조 벌칙조항에는 부당노동행위를 위반한 자(제81조 규정)는 2년 이하의 징역 또는 2천만원 이하의 벌금에 처한다고 규정하고 있다(시효 3년).

이와 같은 사용자 형사처벌문제는 개선할 필요가 있다. 우리나라와 같이 부당노동행위를 사용자 직접 형사처벌하는 제도는 정비되어야 한다.

경영상 이유에 의한 해고의 제한

근로기준법 제24조는 경영상 이유에 의한 해고의 제한을 두고 있다.

① 사용자는 경영상 이유에 의하여 근로자를 해고하고자 하는 경우에는 긴박한 경영상의 필요가 있어야 한다. 이 경우 경영악화를 방지하기 위한 사업의 양도·인수·합병은 긴박한 경영상의 필요가 있는 것으로 본다.

② 사용자는 해고를 피하기 위한 노력을 다하여야 하며, 합리적이고 공정한 해고의 기준을 정하고 이에 따라 그 대상자를 선정하여야 한다. 이 경우 남녀의 성을 이유로 차별하여서는 안된다.

③ 사용자는 해고를 피하기 위한 방법 및 해고의 기준 등에 관하여 당해 사업 또는 사업장에 근로자의 과반수로 조직된 노동조합이 있는 경우에는 그 노동조합(근로자의 과반수로 조직된 노동조합이 없는 경우에는 근로자의 과반수를 대표하는 자를 말한다. "이하 근로자 대표"라 한다)에 대하여 해고를 하고자 하는 날의 50일 전까지 통보하고 성실하게 협의하여야 한다.

④ 사용자는 근로기준법 제24조 1항의 규정에 의하여 대통령령이 정하는 일정규모 이상의 인원을 해고하고자 할 때에는 대통령령이 정하는 바에 따라 노동부장관에게 신고하여야 한다.

⑤ 사용자가 ①항부터 ③항까지의 규정에 따른 요건을 갖추어 근로자를 해고한 때는 제24조 1항의 규정에 의한 정당한 이유가 있는 해고를 한 것으로 본다(제24조 5항).

정당한 이유없이 해고금지

근로기준법 제23조는 "사용자가 근로자에 대하여 정당한 이유없이 해고 · 휴직 · 정직 · 전직 · 감봉 기타 징벌을 하지 못한다"라고 규정하고 있다. 사용자는 근로자가 업무상 부상 또는 질병의 요양을 위하여 휴업한 기관과 그 후 30일간 또는 산전 · 산후의 여자가 이 법의 규정에 의하여 휴업한 기간과 그 후 30일간은 해고하지 못한다. 다만 사용자가 제84조에 규정된 일시보상을 행하였을 경우 또는 사업을 계속할 수 없게 된 경우에는 그러하지 아니하다라고 규정하고 있다.

해고의 예고

근로기준법 제26조는 "사용자는 근로자를 해고(경영상의 이유를 포함한다)하고자 할 때에는 적어도 30일 전에 그 예고를 하여야 하며 30일 전에 예고를 하지 아니한 때에는 30일분 이상의 통상 임금을 지급하여야 한다. 다만 천재, 사변 기타 부득이한 사유로 사업계속이 불가능한 경우 또는 근로자가 고의로 사업에 막대한 지장을 초래하거나 재산상 손해를 끼친 경우에는 그러하지 아니하다."

근로기준법 제35조는 해고예고의 적용제외를 규정하고 있다. 첫째, 일용근로자로서 3월을 계속 근무하지 아니한 자, 둘째, 2월 이내의 기간을 정하여 사용된 자, 셋째, 월급근로자로서 6월이 되지 아니한 자, 넷째, 계절적 업무에 6월 이내의 기간을 정하여 사용된 자, 다섯째, 수습사용 중의 근로자 등은 예고해고의 적용에서 제외된다.

✔ 해고사유 등의 서면통지

근로기준법 제27조는 사용자는 근로자를 해고하려면 해고사유와 해고시기를 서면으로 통지하여야 한다. 근로자에 대한 해고는 제27조 제1항에 따라서 서면으로 통지하여야 효력이 있다.

✔ 부당해고 등의 구제신청

근로기준법 제28조는 ① 사용자가 근로자에 대하여 부당해고 등을 하면 근로자는 노동위원회에 구제를 신청할 수 있다. ② 구제의 신청은 부당노동행위가 있는 날부터 3개월 이내에 한다.

해고된 근로자의 우선 재고용

근로기준법 제25조의 규정에 의하여 근로자를 해고한 사용자는 근로자를 해고한 날로부터 3년 이내에 근로자를 채용하고자 할 때에는 제25조의 규정에 의하여 해고된 근로자가 원하는 경우 해고 전의 직책 등을 감안하여 그 근로자를 우선적으로 고용하도록 노력하여야 한다. 정부는 해고된 근로자에 대하여 생계안정, 재취업, 직업훈련 등 필요한 조치를 우선적으로 취하여야 한다.

9

FOCUS

노사협의제 이렇게 운영되어야 한다.

- 도대체 노사협의제란 무엇인가?
- 선진국의 노사협의제는 어떤 내용으로 되어 있는가?
- 한국형 노사협의제
- 한국 노사협의회는 어떻게 운영되고 있는가?
- 한국노사협의회의 성공적 정착을 위한 제안을 해본다.

9

FOCUS

노사협의제 이렇게 운영되어야 한다.

도대체 노사협의제란 무엇인가?

노사협의제란 경영자와 근로자가 대등한 입장에서 노사쌍방의 이해관계가 대립되고 있는 생산·경영 등의 문제에 대해서 의견을 나누며, 상호간의 이해를 깊게 하고 경영자측에 협조하는 제도를 말한다. 이 노사협의제는 1997년 3월 13일(법률 제5312호) 근로자참여 및 협력증진에 관한 법률로 바뀌었다(1999. 12. 31. 법률 제6098호 개정). 즉, 우리나라에서는 노사협의제를 "근로자참여 및 협력증진제"로 규정하였다.

노사협의제는 경영참가의 방식

선진국에서는 노사협의제를 근로자들이 기업경영에 참여하여 의사결정의 발언권을 가지는 경영참가의 한 방식으로 인식하고 있다. 처음에는 단체교섭사항이 아닌 단순한 정보를 교환하는 통지나 설명에 불과하였으나, 점차로 자문·공동협의 나아가서는 공동결정으로 진전하고 있었으며, 노사간의 대내적인 협력관계를 목표로 하는 이상형의 경영참가제도로 유지하고 있다.

노사협의제를 통한 경영참가가 오늘날에는 단체교섭제도가 확고히 정착되어 있는 선진국에서도 여러 가지 형태로 성장·발전되어 왔는데, 그 이유는 급속하게 변화하는 현대사회의 사회적·경제적·기술적 환경이 노사가 공동으로 대처하지 않으면 풀어나가지 못하는 여러 문제를 야기시키고 있기 때문이다

노사협의제의 올바른 정의와 방향

노사협의제에 대한 ILO의 정의에 따르면 "기업체의 양 당사자인 경영자와 근로자가 대등한 입장에 서서, 단체교섭에서 취급되지 않았거나 또는 근로조건의 결정을 위한 다른 제도에서 보통 취급되지 않은 사항으로서, 노사쌍방의 이해관계를 같이하는 사항에 대하여 협의함으로써 서로의 이해를 두텁게 하고 상호협력하는 기능을 갖는 제도"라고 규정하고 있다.

한편, 우리나라에서는 근로자참여 및 협력증진에 관한 법률(노사협의제도)로 개정하고 "노사협의회는 근로자와 사용자가 참여와 협력을 통하여 근로자의 복지증진과 기업의 건전한 발전을 도모함을 목적으로 구성하는 협의기구"(근참협법 제3조 제1항)라고 정의하고 있다.

결국 노사협의제는 근로자와 사용자가 참여와 협력을 통하여 노사공동의 복지증진과 기업의 영속적인 발전이라는 노사의 공동목표와 이해공통사항을 중심으로 협의하여 '사용자의 경영권과 근로자의 노동권'을 조화시켜 노사관계를 선진화하고, 기업경영의 합리화를 통한 생산성 향상을 목적으로 하는 제도로서, 조직적인 대화의 한 방법이며 경영참가제의 일종으로, 산업평화민주주의를 실현하려는 소중한 노사관계기법의 하나로 발전해야 한다.

노사협의제 유형

위와 같은 성격 내지는 의의를 가진 노사협의제는 각국의 역사와 전통 그리고 산업구조와 경제성장의 단계의 차이에 따라서 시행되는 제도의 모습이 다르고, 근로자가 구체적으로 기업경영에 참가할 수 있는 정도와 범위에도 많은 차이가 있다.

그 방식으로는 ① 단체교섭, ② 근로자대표가 참가하는 방식의 노사협의회 내지는 기업위원회 제도, ③ 근로자 중역제, ④ 작업현장에의 참가제, ⑤ 근로자 자주관리제도 등이 있다.

이러한 기준은 근로자의 참가정도 및 협의안건의 범위 등에 따라서 다양하게 분류할 수 있는데, 모두가 초기에는 근로자의 복지 및 작업환경의 개선에 그 목적이 있으며, 점차 경영참가의 폭이 확대되면서 공동협의, 공동결정의 단계로 발전되고 있음에 주목해야 한다.

선진국의 노사협의제는 어떤 내용으로 되어 있는가?

영국형 노사협의제

영국의 기업내 노사협의제도는 크게 두 가지로 나누어지는데, 그 하나는 '공동협의방식'이고, 나머지 하나는 직장단위에서의 특수한 단체교섭방식인 '직장교섭'이다.

공동협의방식

노사간의 공동협의를 통하여 기업내에서 노사간의 인간적 동질성을 공감하게 하고, 근로자의 고충과 불만을 해소시키는 통로를 마련하여 주고 단체교섭방식으로 근로자의 경영참가를 가능케 함으로써 산업발전과 노사간의 안정을 이룩하는데 기여하여 왔다.

직장교섭

현재 영국에서 기업내 의사결정에 근로자가 참가할 수 있는 방식 중에서 가장 지배적인 수단이 되고 있다. 그것은 근로자의 대표가 직장 차원에서 사용자와의 단순한 협의가 아닌 공동결정과정에 참가할 수 있도록 하는 제도이다. 직장교섭에 있어서의 근로자대표, 즉 직장위원은 각 부서나 공장단위로 종업원의 선거에 의해서 선출되는데, 각 직장조합단위로 그들의 대표를 뽑는 것이 관행으로 되어 있다. 이 제도는 제2차 세계대전 이후 노동조합이 전국적으로 결합되고 거대화하여 산업별 단체교섭을 함으로써 교섭력은 강화되었으나, 기업차원에서의 노동조합은 상대적으로 약화될 수밖에 없었던 상황에서 기업차원의 노사문제를 처리하는데 대한 논의에서 시작되었다.

프랑스형 노사협의제

종업원대표제 방식이 있다.

이는 공장이나 농업의 사업장, 행정관청, 국영기업 등에서 상시 10인 이상의 종업원을 사용하는 사업장에 강제 설치되며, 종업원수에 따라 구성위원수가 달라진다. 종업원 대표위원은 주로 개인적 또는 집단적 불만 전달, 종업원의 의견 및 제안 전달, 생산증강과 기업내의 조직 전반에 관한 문제에 관하여 제안하는 권한을 갖는다.

✔ 기업위원회 방식이 있다.

이는 사회적 사항에 관해서는 결정권을 가지나 기술적 사항이나 경제적 사항에 관해서는 협의권만을 가진다. 사회적 사항의 중요내용은 복리후생시설의 운영과 단체협약이나 법령에 의하여 정하여진 근로조건의 타당성 검토 및 그 구체적 적용이다.

독일형 노사협의제

독일은 경영참가적 노사협의제도로서 직장노동자위원회 방식을 통한 기업경영 레벨에의 참가와 최고경영위원회 방식을 통한 기업정책결정 레벨에의 참가라는 2원적 형태로 이루어지고 있다.

양자는 서로 다른 역할을 하는데, 최고경영위원회 방식은 노사의 공동참여로 기업차원의 전략적인 의사결정을 하는 기업의 최고경영조직인데 비하여, 직장노동자위원회 방식은 종업원대표만으로 구성되며, 기업의 관리적이고 업무적인 의사결정에 참여하여 종업원의 이익을 도모하기 위하여 경영자와 협력하는 역할을 한다.

일본형 노사협의제

일본형 노사협의제는 노동법이 아무 규정을 두고 있지 않으며 대체로 노사협의제도의 설치는 노동조합과 사용자 사이의 단체협약에 의하여 이루어지고 있다. 따라서 일본의 노사협의회는 노동조합의 활동인 단체교섭과 엄격하게 구별되기가 곤란하다. 일본에 있어서의 노사협의기관은 각 사업장에 따라 여러 가지 이름으로 불리어지고 있는데, 경영협의회 · 노사협의회 · 노사간담회 · 생산협의회 · 생산위원회 · 공장위원회 등이 그것이다.

노사협의제를 대별하면, 첫째 경영참가적 성질을 가진 것으로 단체교섭제와는 달리 경영조직 내지는 생산방식 등에 관한 사항을 협의하는 제도와, 둘째 단체교섭의 예비 내지 전단계적 기능을 가진 단체교섭상의 상설제도인 경우가 있다. 대체로 일본에서 노사협의제를 두는 취지는 생산성을 향상하여 그 성과를 근로자에게 공정하게 분배하려고 하는데 있다.

표 9-1 선진국의 노사협의제 유형

선진국	노사협의제 유형	특 징
영국형 노사협의제	공동협의방식	· 노사간 공동협의로 노사간의 인간적 동질성 공감 - 근로자의 고충과 불만 해소시키는 통로 - 근로자의 경영참가를 통하여 산업발전과 노사간의 안정

선진국	노사협의제 유형	특 징
프랑스형 노사협의제	단체교섭방식 (직장교섭)	· 근로자의 대표가 사용자와의 단순한 협의가 아닌 공동결정과정 참가 - 직장위원은 부서나 공장단위로 종업원의 선거로 선출 - 산업별 단체교섭력 강화, 기업별노동조합은 상대적으로 약화됨
	종업원 대표방식	· 공장, 농업의 사업장, 행정관청, 국영기업 등 상시종업원 10인 이상 사업장 설치 - 개인적·집단적 불만 전달 - 종업원의 의견 및 제안 전달 - 기업 내 조직전반의 문제를 제안
	기업위원회 방식	· 사회적 사항-결정권을 가짐 - 복지후생시설 운영 - 단체협약, 법령 등 근로조건의 타당성 검토 및 구체적 적용 · 기술적 사항-협의권 · 경제적 사항-협의권
독일형 노사협의제	직장노동자위원회 방식 (근로자 자주 관리제)	· 종업원 대표로 구성 - 기업의 관리적, 업무적 의사결정에 참여 - 종업원의 이익을 도모하기 위하여 경영자와 협력하는 역할
	최고경영자위원회 방식 (근로자중역제)	· 노사의 공동참여로 기업차원의 전략적 의사결정 - 경영전략 및 경영정책 결정 - 경영비전, 장단기 경영계획 결정
일본형 노사협의제	단체협의 방식 (노동법 규정없음) (작업현장 참가제)	· 사업장별로, 경영협의회, 노사협의회, 노사간담회, 생산위원회, 공장위원회 등 - 경영조직, 생산방식 등 협의 제도 - 단체교섭 상설제도-단체교섭 예비 내지 전단계적 기능

자료: 김성수(1998), 산업평화정착을 위한 신노사관계론, 신고증보판, 법경사, pp. 254~256.

한국형 노사협의제

한국의 노사협의제는 근로자와 사용자 쌍방이 참여와 협력을 통하여 노사공동의 이익을 증진함으로써 산업평화를 도모하고 국민경제발전에 이바지함을 목적으로 한다(근참협법 제1조). 즉, 노사협의는 이해와 협조를 바탕으로 하는 노사의 공동적 관계를 수립하기 위한 것이므로 투쟁적 대립구조와는 구별되는 것이며, 참여와 협력에 의한 노사공동의 이익을 증진하는 것이어야 한다. 그러므로 근로자와 사용자는 상호 신의를 바탕으로 하여 성실하게 협의에 임해야 하며(근참협법 제2조), 노사협의회는 한편으로는 근로자의 복지증진과 기업의 건전한 발전을 도모해야 한다(근참협법 제3조 제1항).

이와 같이 노사협의는 근로자와 사용자가 참여와 협력 사항에 관하여 협의하며, 근로자들을 경영에 적극적으로 참여하게 하는 것을 의미한다. 여기에 노사협의의 기본적 성격이 있다.

표 9-2 한국 노사협의제 -근로자참여 및 협력증진제도-

주요항목	내 용
1. "노사협의회"정의 (근참협법 제3조)	근로자와 사용자가 참여와 협력을 통하여 근로자의 복지증진과 기업의 건전한 발전을 도모함을 목적으로 구성하는 협의기구
2. 노사협의회 "설치" (근참협법 제4조)	① 근로조건의 결정권에 있는 사업 또는 사업장 단위로 설치 ② 하나의 사업에 지역을 달리하는 사업장은 별도로 설치

주요항목	내 용
3. 노동조합과의 관계 (근참협법 제5조)	노동조합의 단체교섭 기타 모든 활동은 이 법에 대하여 영향을 받지 않는다.
4. 노사협의회 "구성" · 근로자대표위원 · 사용자대표위원 · 의장 · 간사 (근참협법 제6조, 9조)	근로자와 사용자대표 동수 3인 이상 10인 이내로 구성한다. 노동조합이 있는 경우-노조대표자와 노조가 위촉하는 자 · 사업장의 대표자와 그 대표자가 위촉하는 자 · 협의회 의장 호선, 근로자위원과 사용자 위원 중 각 1인 공동의장으로 한다. 간사는 노사 쌍방 각 1인
5. 위원의 임기 (근참협법 제8조)	① 3년으로 하되 연임 ② 임기만료된 경우라도 후임자가 선출될 때까지 계속 직무를 담당
6. 노사협의회 회의 (근참협법 제12조, 9조)	① 3개월마다 정기적으로 개최, 필요시 임시회의 개최 ② 위원의 신분: 무모수, 비상임 개최
7. 노사협의회 개최 정족수(근참협법 제14조)	근로자위원과 사용자위원 각 과반수 출석으로 개최하고, 출석위원 3분의 2 이상의 찬성으로 의결

자료: 근로자참여 및 협력증진에 관한 법률(2006년, 6월 현재)

한국 노사협의회는 어떻게 운영되고 있는가?

① 노사협의회의 설치는 근로조건의 결정권이 있는 사업 또는 사업장단위로 법률에 의하여 그 설치가 강제된다(근참협법 제4조 제1항).

② 노사협의회는 근로자와 사용자를 대표하는 동수의 위원으로 구성되며 그 수는 각 3인 이상 10인 이내로 한다(근참협법 제6

조 제1항). 그리고 노사협의회의 구성은 노사 양자의 협의체이며, 근로자위원과 사용자위원을 동수로 한 것은 노사동등의 원칙에 입각하여 민주적으로 운영하도록 하기 위해서이다.

또한, 협의회를 대표하는 의장을 두며, 의장은 근로자위원과 사용자위원 중 각 1인을 공동의장으로 할 수 있다(근참협법 제7조 제1항). 노・사쌍방은 회무의 기록 등의 사무를 담당하는 간사 1인을 각각 둔다(근참협법 제7조 제3항).

③ 노사위원의 임기는 3년으로 하되 연임할 수 있다(근참협법 제8조). 그러나 사업 또는 사업장의 대표자 또는 최고책임자는 사실상 임기에 구애받지 않게 될 것이다.

④ 위원은 비상임, 무보수로 한다(근참협법 제9조 제1항). 사용자는 협의회위원으로서의 직무수행과 관련하여 근로자에게 불이익한 처분을 하여서는 아니된다. 이는 임금을 비롯한 모든 근로조건에서 객관적으로 형평을 잃는 처분을 받아서는 안된다는 것을 의미한다. 따라서 위원의 협의회 참석에 소요되는 시간에 대하여는 근로한 것으로 본다(근참협법 제9조 제3항).

⑤ 노사협의회는 3개월마다 정기적으로 개최되어야 하며(근참협법 제12조), 이를 위반한 때에는 벌칙이 적용된다(근참협법 제32조).

⑥ 노사협의회 협의사항은 근로자참여 및 협력증진에 관한 법률의 내용에 따라 협의하고 의결한다.

근로자 참여 및 협력증진에 관한 법률 제4장 협의회의 업무는 제9조 협의회사항이고 제20조는 의결사항이다. 제21조는 보고사항 등이고 제22조는 의결된 사항을 신속히 근로자에게 공지시켜야 한다는 조항이다. 제23조는 의결된 사항의 이행이며 제24조는 임의중재 등으로 구성되어 있다.

표 9-3 한국 노사협의회 "협의사항"

	"협의사항" 내용
근로자 참여 및 협력증진에 관한 법률 제19조, 협의사항 (2001년 8월 14일 개정)	① 협의사항 1. 생산성 향상과 성과배분 2. 근로자의 채용·배치 및 교육훈련 3. 노동쟁의 예방 4. 근로자의 고충처리 5. 안전·보건 기타 작업환경개선과 근로자의 건강증진 6. 인사·노무관리의 제도개선 7. 경영상 또는 기술상의 사정으로 인한 인력의 배치전환·재훈련·해고 등 고용조정의 일반원칙 8. 작업 및 휴게시간의 운용 9. 임금의 지불방법·체계·구조 등의 제도 개선 10. 신기계·기술도입 또는 작업공정의 개선 11. 작업수칙의 제정 또는 개정 12. 종업원지주제 기타 근로자 재산형성에 관한 지원 12의 2. 직무발령 등과 관련하여 당해 근로자에 대한 보상에 관한 사항 13. 근로자의 복지증진 14. 기타 노사협조에 관한 사항 ② 근참협법 제14조에 따라 의결한다.

자료: 근로자참여 및 협력증진에 관한 법률

한국노사협의회의 성공적 정착을 위한 제안을 해본다.

첫째, 노사간 신뢰성 회복이 전제되어야 한다.

노사협의회의 성공적 정착을 위해서는 무엇보다도 먼저 노사간 협력의 필수요건인 신뢰성의 회복이 전제되어야 할 것이다. 이를 위해서는 경영인이라는 특정인에 의하여 지배·운영되고 종업원은 일방적으로 결정된 의사를 기계적으로 수행하는 관계로서가 아니라 인간적 결합의 통일화로 이해하여야 한다. 노사통합의 원리하에서 노력, 희생, 성과분담의 논리가 나온다.

또한, 이러한 공동노력, 공동성과분배의 공정성·합리성이 전제될 때 노사간 신뢰성은 점차 회복될 것이다. 이를 위해서는 우선 노사간에 보다 밀접한 의사소통기구가 수평·수직적으로 다양하게 형성 발전되어야 한다.

경영자의 권위가 강요되는 것으로 그치지 않고, 근로자들에게 수용되기 위해서는 상급자의 명령의 필요성과 타당성이 충분히 하급자에게 이해되어야 하고, 그들에 의해 지지되어야 하며, 이를 위해 의사소통은 일방적이어서는 안되고 쌍방적이어야 할 것이다.

둘째, 상대방에 대한 올바른 이해의 정립이 필요하다.

산업사회에서의 근로자와 사용자간 상호 상대방의 존재가치에 대한 올바른 인식, 그리고 상호 깊은 의존관계에 있다는 사실에 대한 바른 이해가 필요하다. 노동과 경영은 별도로 존재할 수 있는 것이 아니며, 상호보완적이고 상호 의존적이며, 노동과 경영이 함께 산업사회라는 공동체를 형성하는 것이다. 이와 같이 파트너 샤프트(Partner Schaft)적인 사고방식의 정립없이는 노사간에 진정한 협력은 성립하기 힘들다.

셋째, 화합주의에 바탕을 둔 새로운 리더십의 확립이 필요하다.

기업에서의 관리자들이 전통적인 권위를 행사하려고 하면 할수록 구성원의 직무만족과 동조성, 조직의 적응성과 같은 조직의 유효성이 낮아지며, 구성원의 소속집단에 대한 일체감도 줄어들게 된다.

우리의 경우도 이제 종래와 같은 권위주의에 입각한 리더십은 경영에서 받아들여질 수 없으므로, 이제는 화합주의에 바탕을 둔 새로운 리더십이 정착되어야 할 것이다 그래야만 노사대화를 바탕으로 하는 노사협의회가 우리 사회에 토착화될 수 있을 것이다.

넷째, 기업미래를 제시할 수 있는 연구풍토의 조성이 절실하다.

기업경영의 공익성에 대한 인식과 산업발전에 따른 인간소외 현상 등 기업구성원에 미치는 요인 및 급변하는 환경에 능동적으로 대처하고, 기업의 미래를 제시할 수 있는 장기적 안목에서의 대책 연구가 절실하다 하겠다.

다섯째, 미비점을 지니고 있는 제도 개선이 고려되어야 한다.

노사협의제를 효율적으로 운영하기 위해서는 우선 많은 미비점을 지니고 있는 제도에 대한 개선이 고려되어야 할 것이다. 즉, 노사협의제도가 형식적인 상호작용이 아닌 실질적 기능을 다하기 위해서는 노사가 대화로서 협의하고, 참여할 수 있는 제도가 되어야 한다.

이러한 것을 위해서는 단체교섭과 노사협의의 기능을 양분화하여 구체적으로 활용될 수 있는 제도로 만드는 것이 필요하고, 노사협의회의 설치기준도 원칙에 입각하여 예외규정을 두지 않도록 하며, 중앙노사정협의회의 구성 및 고충처리제도 등도 좀더 효율적이고 합리적인 방향으로 개선해야 할 것이다. 이러한 점에서 노조가 있으면 노사협의회를 자율로 설치키로 한 조치는 늦은 감은 있지만 바람직한 처사라 하겠다.

10

FOCUS

임금쟁점을 해결하는 기법을 배우자.

- 임금의 쟁점이란 ?
- 근로기준법상의 '임금' 규정
- 임금의 성격
- 임금결정의 원칙
- 임금체계란 ?
- 최저임금제도란 무엇인가 ?
- 임금형태
- 연봉제란 무엇인가 ?

10
FOCUS

임금쟁점을 해결하는 기법을 배우자.

임금의 쟁점이란?

어느 시대를 막론하고 노사관계의 가장 큰 쟁점은 임금이 주종을 이루고 있음은 두말할 필요가 없다. 지난 50년간 우리나라에서 임금이 노사분규의 쟁점으로 부각된 것이 평균 50%(1954. 6~2013. 6)가 넘는 것으로 나타나고 있다. 따라서 임금이 후한 직장은 권력적 쟁점이나 사회·정신적 쟁점도 해소되며 갈등이 최소화됨을 알 수 있다. 여기에서는 이러한 노사분규의 가장 중요한 쟁점이 되는 임금에 대해서 살펴보자.

임금이란?

임금이란 노동의 대가로서 고용주가 피고용자에게 지급하거나 노동을 제공한 대가로 받는 보수라고 정의한다. 경영학에서 임금이라 함은 사용자와 근로자와의 계약에 의한 사회화된 인간으로서의 근로자의 정신적 및 육체적 노력에 대하여 지급되는 대가의 보수를 말한다.

임금을 받는 정신적 근로자와 임금을 받는 육체적 근로자 등 모두는 임금근로자이며 노동의 존엄성에 대한 대가로서 임금을 받는다. 따라서 근로자는 일한 만큼의 "공정한 임금을 받을 권리"가 있으며, 이러한 임금은 근로자와 근로자 자신의 부양가족에 대한 생계유지를 위해서 충분한 것이어야 한다. 임금은 경제적으로도 중요하지만 사람이 생을 영위해가는 데 사회적 · 문화적으로도 중요하며, 심리적으로 자아를 실현하고 장래에 자기를 실현하는데, 결정적 요소가 되기 때문에 중요하다.

임금은 양면성이 있다?

임금이 노사관계에 있어서 왜 그렇게 중요하고 또한 노사분규에 초점이 되고 있는가를 이해하는 것은 매우 쉬운 일이다. 임금은 양면성이 존재한다. 즉, 근로자측의 입장에서 임금은 소득의 유일한 원천이며, 근로자와 그 가족의 생활수준은 이 원천에 의하여 결정된다. 근로자가족의 입장에서 임금은 생활수준이라는 개념에 포함되는 주택 · 식사 · 의복 · 교육 · 레저 등 모든 사항에 대한 성격과

질적 수준을 보여 준다.

그러나 이와 같이 근로자의 입장에서 임금이 생활수준을 나타내 주는 소득(income)이라면, 사용자(회사)의 입장에서 임금은 생산원가(cost)를 구성하는 인건비이다. 즉, 비용이다. 따라서 사용자는 생산비용에 대한 증가압력에 부딪히게 되면 생산비, 즉 생산원가를 인상시켜야 하는 요인에 직면하게 된다. 따라서 임금은 비용(cost)이라는 사용자측의 입장에서 어떻게 하면 인건비를 적게 할 것인가의 문제에 봉착하게 된다. 이와 같이 임금은 근로자는 소득이요 사용자는 비용이라는 양면성 때문에 대립관계가 성립된다.

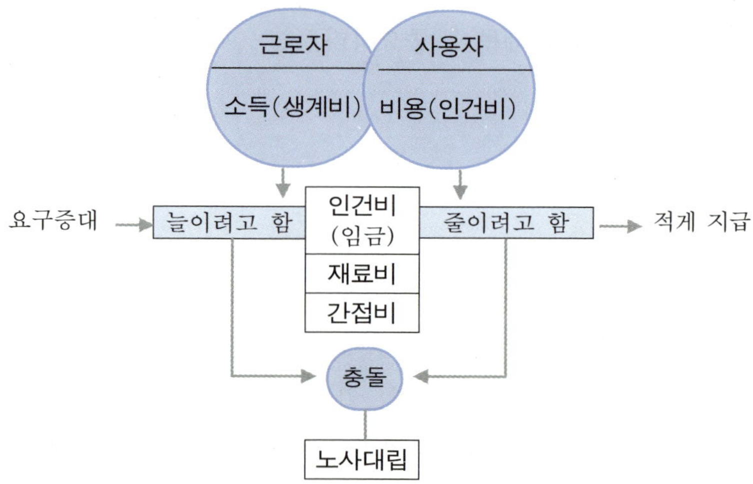

그림 10-1. 쟁점: 임금의 양면성

근로기준법상의 '임금' 규정

임금의 지급

근로기준법에서는 ① 임금은 통화로 직접근로자에게 그 전액을 지급하여야 한다. 다만, 법령 또는 단체협약에 특별한 규정이 있는 경우에는 임금의 일부를 공제하거나 통화 이외의 것으로 지급할 수 있다. ② 임금은 매월 1회 이상 일정한 날짜를 정하여 지급하여야 한다. 다만 임시로 지급하는 임금, 수당, 그 밖에 이에 준하는 것 또는 대통령으로 정하는 임금에 대하여는 그러하지 아니하다.

도급 사업에 대한 임금지급

근로기준법의 도급 사업에 대한 임금지급은 ① 사업이 여러 차례의 도급에 따라 행하여지는 경우에 하수급인이 직상수급인의 귀책사유로 근로자에게 임금을 지급하지 못한 경우에는 그 직상수급인은 그 하수급인과 연대하여 책임을 진다.

② 근로기준법 제44조 제1항의 직상수급인의 귀책사유범위는 대통령령으로 정한다.

비상시 지급

근로기준법의 비상시 지급은 사용자는 근로자가 출산, 질병, 재해, 그 밖에 대통령령으로 정하는 비상한 경우의 비용에 충당하기 위하여 임금지급을 청구하면 지급기일전이라도 이미 제공한 근로에 대한 임금을 지급하여야 한다.

휴업수당

근로기준법의 휴업수당은 ① 사용자의 귀책사유로 휴업하는 경우에 사용하는 휴업기간 동안 그 근로자에게 평균임금의 100분의 70 이상의 수당을 지급하여야 한다. 다만 평균임금의 100분의 70에 해당하는 금액이 통상임금을 초과하는 경우에는 통상임금을 휴업수당으로 지급할 수 있다.

임금의 성격

경제적 성격

임금은 근로자와 그 부양가족의 생계를 유지하게 하는 가장 중요한 수입의 원천이며, 그들의 경제적 지주가 된다. 따라서 임금의 증가와 임금의 안정을 위해 온갖 노력을 기울이고 있을 뿐만 아니라 그들이 가장 인간다운 생활보장을 할 수 있는 임금액을 지급하지 않으면 안된다.

사회적 성격

임금은 근로자의 사회적 신분 내지 사회적 지위를 규정하는 한 요소가 된다. 왜냐하면 임금은 기업 내부와 외부에서 그들의 신분을 결정하는 요인이기 때문이다. 다시 말하면, 임금은 기업내부에서는 조직계층 직계상의 지위와 직결되며 권한과 책임과도 비례관계가 있으며, 기업외부에서는 사회적 지위 내지 위신을 표시하기 때문이다. 따라서 임금의 고저는 개인생활의 사회적 능력 및 사회적 지위의 절대적 힘이 된다.

심리적 성격

임금은 경제적·사회적 성격을 가지므로 그들의 생리적 욕구의 만족도도 가질 수 있으며 또한 사회적 욕구도 가질 수 있다. 특히 고차적 욕구인 자아의 욕구와 자기실현욕구까지를 충족시켜 주는 심리적 특성이 있다.

임금의 고저는 소득의 고저를 나타내는 기본적인 역할을 하게 되기 때문에 자기실현욕구의 충족도를 재는 척도가 된다. 따라서 임금은 자아실현과 자기실현을 할 수 있는 매개변수적 요소로서 사회적 행복을 가져다주는 심리적 동기부여의 작용과 역할을 하고 있다.

임금결정의 원칙

임금은 아래와 같은 결정의 원칙이 있다. 이 임금결정의 원칙은 노사분규의 타결적 가치로서 의의를 지니고 있으며 노사당사자간의 합의에 도달하는 객관적 기준을 지니고 있다.

통상임금이란?

근로기준법으로 규정된 바 없으나 임금이론에서 통상임금이란 기준임금으로 기본금(본봉 · 직무 · 직책수당), 수당(고정수당)으로 생활보조수당(근속수당 · 가족수당 · 복지수당), 직무특수성수당(직무수당 · 직급수당 · 직책수당), 작업특수수당(생산장려수당) 등으로 월정임금이라 한다.

월외임금은 기준외 임금으로 상여금(고과상여금 · 비고과상여금), 퇴직금(일시퇴직금) 등으로 구별한다.

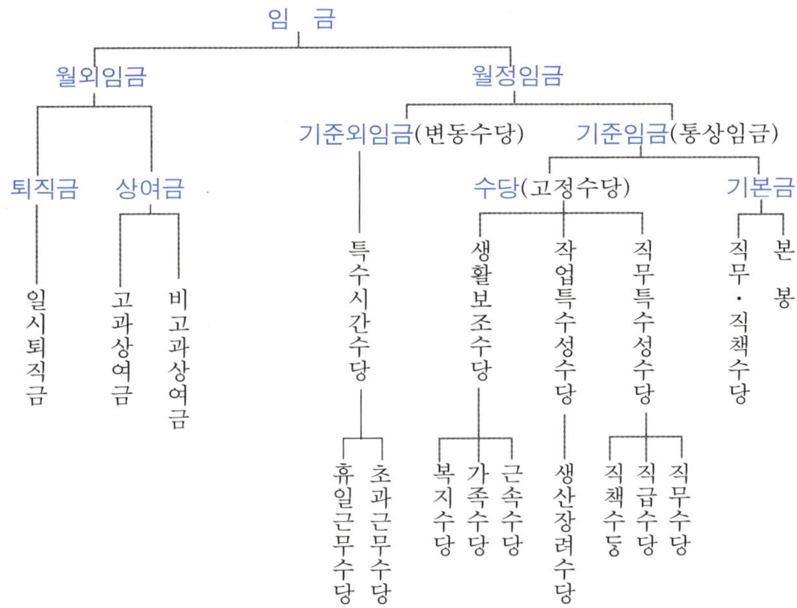

그림 10-2. 통상임금

통상임금문제 : 노·사·정이 대화를 통해 합리적 해법 찾기

○ 통상임금의 문제

통상임금은 지난 2012년 3월 대법원이 "정기적인 상여금도 통상임금에 포함시켜야 한다"는 판결을 내린 이후 계속 논란이 되어왔다. 2013년 7월 현재도 대우조선을 비롯한 60여개 기업이 통상임금과 관련된 소송에 휘말려 있고, 민주노총 등 노총은 집단소송이라도 불사하겠다는 강경한 입장이다.

문제는 대법원의 판결에도 불구하고 하급심에서는 여전히 사안별로 엇갈린 판결이 나오고 있어 노사간의 갈등과 기업경영의 불확실성을 키우고 있다.

○ 통상임금 정의 근로기준법에 명시되지 않음

현재 통상임금의 정의가 모법인 근로기준법에 명시되지 않은 채 시행령에 모호하게 규정돼 있기 때문이다. 근로기준법 시행령 6조는 통상임금을 "정기적이고 일률적으로 지급하기로 정한 금액"이라고만 규정하고 있다.

이에 따라 구체적으로 어떤 항목의 급여나 수당이 통상임금에 해당되는지는 매번 소송을 통해 해결할 수 밖에 없다.

○ 근로기준법이나 시행령의 개정을 통해 통상임금을 명확히 규정해야 함

우리나라의 상여금은 대체로 생산성과 무관하게 경직된 급여수단으로 고착화 된데다가 기업현장에서는 퇴직금 산정의 근거가 되는 기본급을 올리지 않고 임금을 올려주는 편법으로 각종 수당을 추가해 왔다. 그러다 보니 어디까지를 통상임금으로 규정해야 하는 지 시행령의 정의만으로 헷갈리게 된 것이다.

이제 그간 통상임금으로 간주되지 않던 각종 수당과 상여금이 새로 통상임금에 포함되면 여기에 근거해 산정되는 수당, 퇴직금,

사회보험료 등이 대폭 증가하게 된다. 이는 기업의 부담을 증가시킬 뿐만 아니라 무엇을 통상임금에 포함시킬 것인가를 두고 새로운 노사갈등의 불씨가 된다.

따라서 근로기준법이나 시행령의 개정을 통해 통상임금을 명확히 규정해야 한다.

○ 통상임금범위를 포함한 임금체계 전반 새로운 논의 시작하자.

노동계는 대법원의 판결을 계기로 모든 상여금을 통상임금으로 간주할 것을 요구하고 있다. 이는 일부 대기업 정규직 근로자들에게는 이득이 될지 모르지만 노동계 전체로는 그렇지 않을 수 있다.

기업들이 고정적 성격의 상여금을 실적과 연계시켜 통상임금에서 제외하거나 지급형태를 부정기적으로 바꿀 경우 임금이 감소할 수 있다. 또한 통상임금의 확대로 노동비용이 증가하면 기업들은 고용을 줄일 것이다. 통상임금의 확대가 노동계에 마냥 좋은 일만은 아닌 것이다.

그렇다고 노사 어느쪽이 일방적으로 유리한 기준을 정할 경우 갈등만 높아갈 것이다.

따라서 통상임금의 범위에 대해 노·사·정이 대화를 통해 합리적인 해법을 찾아야 한다.

노·사·정은 통상임금을 포함한 임금체계 전반에 대한 논의를 통해 해결해야 한다.

■ 임금결정의 6대원칙

- 생계비유지의 원칙
- 노동생산성 향상의 원칙
- 임금안정의 원칙
- 지급능력한도의 원칙
- 노동의 질과 양의 대응원칙
- 사회적 균형의 원칙

생계비유지의 원칙

임금은 근로자의 생계를 유지하는 수준이어야 한다. 적어도 근로자가 생계를 유지 할 수 있는 만큼의 생활수준 유지의 비용이 되어야 한다. 최소한의 생계비수준을 유지해야 한다. 그리고 그들의 저축여력이 있는 수준까지 높임으로써 근로자로 하여금 장래 생활보장적 준비도 마련해 줄 수 있는 임금수준이어야 한다.

지급능력한도의 원칙

임금은 기업의 지급능력한도내에서 정해져야 한다. 종업원의 측면에서 임금은 높을수록 좋으나, 그것은 어디까지나 기업의 유지·존속을 전제로 해야 하므로 임금의 결정도 그 지급능력을 초과할 수는 없다.

노동생산성 향상의 원칙

임금은 노동생산성 향상의 범위내에서 결정되어야 한다. 노동생산성은 부가가치 노동생산성을 의미하며, 종업원분의 부가가치 $=\left(\frac{\text{부가가치}}{\text{종업원수}}\right)$로서 노동생산성이 향상된 때에는 임금수준도 그 비율만큼 인상되어야 한다는 것이다.

노동의 질과 양의 대응원칙

임금은 특수임금제, 예를 들면 집단임금제와 연간보장급제 및 순응임금률제를 제외하고는 노동의 질과 양에 대응하여야 한다는 원칙이다. 다시 말하면 임금은 노동에 대한 대가 내지 기업에의 기여에 대한 보상이므로 노동의 질과 양에 대응하는 것이어야 한다. 따라서 임금은 근로자의 노력의 성과에 비례하고 공헌도에 따라 지급하는 원칙이어야 한다.

임금안정의 원칙

임금은 안정적이 되어야 한다. 임금이 불안정상태에 있으면 종업원의 사기를 저하시키며 경제생활의 안정을 잃게 되어 이동률(전직률 · 퇴직률 등)도 높아진다. 더욱이 생산성이 떨어져 기업이윤에 절대적 영향을 준다. 특히 불경기 때의 임금안정은 생산성 향상의 척도가 된다.

사회적 균형의 원칙

임금은 사회적 균형이 있어야 한다. 우리나라처럼 노동시장이 불안한 상태에서는 대외적 균형의 유지는 어려우나 대내적인 계층별 균형과 타기업간의 상대적 균형까지 잃어서는 아니된다. 이 균형을 잃을 때 그들의 불평·불만은 높아진다. 특히 동종기업간 균형은 유지되어야 한다.

임금체계란?

임금체계의 기능

임금체계란 기업이 종업원에 지급하는 임금액의 구성내용 또는 임금액의 결정기준이라고 정의한다. 이는 종업원의 개별임금수준의 격차를 형성하는 기준이 된다. 따라서 임금체계는 개별종업원의 임금결정기준으로서 사회적 형평성과 객관성을 고려하여야 한다. 임금액의 결정기준으로서 임금체계의 구성내용은 [그림 10-2]에서 보는 바와 같다.

임금체계는 임금형태, 임금수준과 더불어 임금관리의 3대지주라고 한다. 임금수준관리가 기업의 전체적인 임금수준의 결정과 관련된 총액인건비관리라고 한다면 임금체계관리는 이 전체임금을 개별 종업원에게 어떠한 항목으로 어떤 기준에 의해 공평하게 배분하느냐 하는 문제를 다루는 개별인건비관리라고 할 수 있다.

따라서 임금체계관리는 ① 임금체계를 어떠한 항목으로 구성할 것인가 하는 문제와 ② 임금체계를 어떠한 성격으로 설정하여 개별 임금의 공평성을 기할 수 있는가 하는 두 가지 문제가 중요하다.

그리고 임금체계가 합리적인 것이 되기 위해서는 적어도 다음과 같은 기능이 충족되어야 한다.

표 10-1 **임금체계의 합리적 기능 6가지**

① 유능한 인재를 확보하는 기능.
② 종업원에 대한 동기유발기능.
③ 유능한 인재의 확보와 높은 의욕을 가진 종업원을 유효하게 활용하는 기능.
④ 안정적 기능.
⑤ 보상의 공정성 기능.
⑥ 질서유지기능 등이다.

임금체계는 두 가지로 나눌 수 있다. ① 인적요소중심형인 연공급이고, ② 직무적 요소중심형인 직무급이다. 그리고 이 양자를 절충시킨 형으로서 ③ 직무급과 자격급이 있다.

일반적으로 노조측은 인적요소중심형인 연공급으로 호봉제를 원하는데 비하여 관리자측은 직무적 요소중심형인 연봉제(年俸制) 확립을 원한다.

임금체계의 합리화를 위해서는 총액기준의 연봉제 임금개념이 정착되어야 한다. 연봉제는 기본급과 수당 등과 이의 변동적 임금까지 포함된 총액개념으로 근로자가 노동의 대가로 받는 1년간의 총액을 말한다.

이와 같은 총액임금이 실효를 거두기 위해서는 임금협상시 기본급 등 통상임금을 타결하고, 단체협약체결시 각종 수당을 인상하는 관행을 시정하여 이를 모두 일괄 타결하도록 유도해야 할 것이다. 임금체계에 대한 개념 자체가 정립되어 있지 못한 현실과 하후상박 중심의 임금인상결과로 개별기업의 임금제도는 개선의 필요성을 강하게 느끼고 있다.

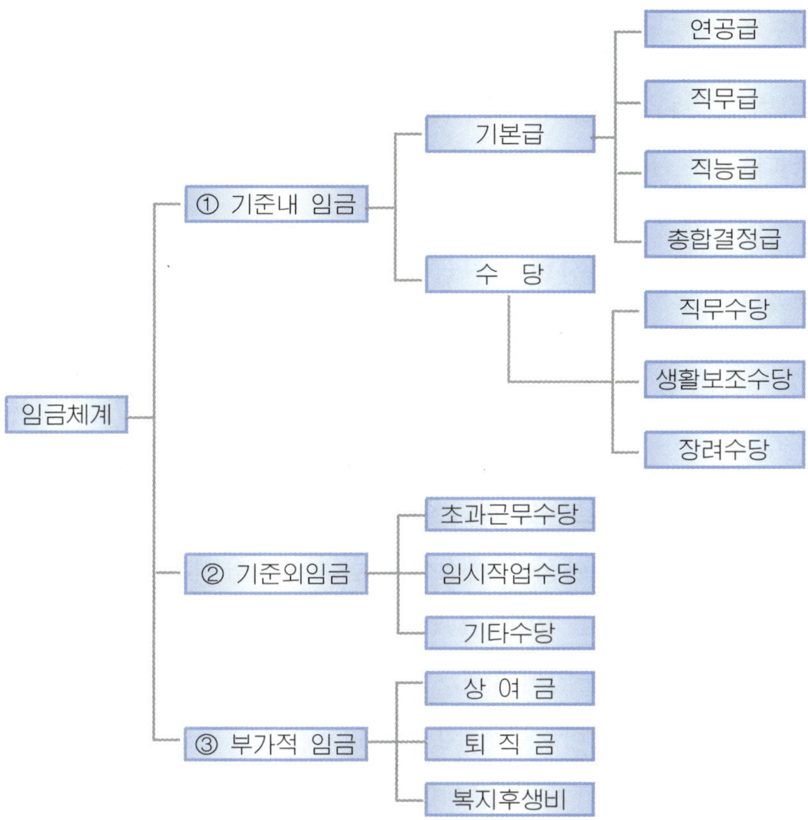

그림 10-3. 임금체계의 구성

【 해설 】

① **기준내 임금:** 소정의 근로조건 및 근로시간 내의 노동대가로 지급하는 임금
② **기준외 임금:** 소정의 근로조건 및 근로시간을 초과하여 제공하는 노동의 대가로 지급하는 임금
③ **부가적 임금:** 일정한 성과 공로 등의 대가로 지급되는 상여금, 인센티브 등의 부가적 임금

기본급은 어떻게 규정되는가?

기본급은 ① 연공급, ② 직무급, ③ 직능급, ④ 총합결정급으로 구성된다.

연공급의 수정형 : 임금피크제

연공급은 개인의 학력·자격·연령 등을 감안하여 근속연수에 따라 임금수준이 결정되는 임금체계로서 속인급(屬人給)이라고도 한다.

연공급의 장점으로는 조직의 안정화와 생활안정, 장유유서를 존중하는 동양적 풍토에서 위계질서 확립과 사기유지가 가능하고 용이하다는 점을 들 수 있다. 반면에 동일직무에 대한 동일임금 실시의 곤란, 우수전문인력의 확보곤란, 인건비부담의 가중, 능력있는 젊은층의 사기저하라는 단점이 있다. 특히 젊은층의 창의적 성과에 대한 보상이 부족하다는 문제점이 제기된다.

최근 한국의 많은 기업에서 연공급의 수정형으로 "임금피크제"를 도입하고 있다. 임금피크제는 3가지 유형이 있는데 다음과 같다.

첫째, 고용보장형 → 정년까지 고용을 보장하면서 임금을 삭감하는 제도

둘째, 고용연장형 → 정년까지 임금인상률을 점차 축소하고, 정년후 임금을 대폭 삭감하고 고용의 연장을 허용하는 제도

셋째, 복합형 → 고용보장형과 고용연장형 두 가지를 동시에 실시하는 복합형 제도이다.

이러한 임금피크제의 도입실시는 ① 인건비절감, ② 우수인력확보, ③ 신규고용의 촉진, ④ 고령층근로자 고용보장효과 등이 실현된다.

직무급

직무급은 담당직무의 상대적 가치와 직무의 시장가치에 따라 일정급여액을 정하고 동일한 직무를 수행하는 경우 동일한 임금을 지급하는 임금체계를 말한다.

직무급은 평점별 단순직무급과 직급별 직무급으로 구분된다. 전자는 직무평가결과 형식으로 하나의 직무에 하나의 급여액을 적용하는 것을 말한다. 후자는 직급별 직무급으로 직무평가에 따라 직무를 등급화한 것으로서 다시 직급별 단일직무급과 직급별 범위직무급으로 나누어진다.

직무급의 장점으로는 직무에 상응하는 급여지급, 개인별 임금격차 불만의 해소, 인건비의 효율성 증대, 능력위주의 인사풍토 조성, 동일노동·동일임금의 원칙에 충실하다는 점 등을 들 수 있다.

직무급의 단점은 직무내용의 명확, 직무의 안정, 고임금수준, 적정한 직무평가방법 등이 전제조건이나 이의 충족이 어렵다. 또한 직무와 능력의 결합이용이하지 않고 장기근속자에게 불리하며 이동과 다능화 요구를 충족시킬 수 없다.

직능급

직능급은 직무요소기준의 직무급과 인적 요소기준의 연공급을 양자절충한 임금체계로서 근로자의 직무수행능력(현재능력+잠재능력)을 고려하여 동일한 직무를 수행하더라도 개인의 직무수행능력을 판단하여 임금을 관리하는 제도를 말한다.

직능급은 임금항목의 구성형태에 따라 순수형 직능급과 병존형 직능급으로 구분되며 결정방법에 따라 직능등급별 직능급과 능력평가별 직능급으로 구분된다. 직능급은 직위승진을 보상받는 계층과 직능급상의 승격(급여보상)을 보상받는 계층으로 구분되어 보상의 기회가 확대됨으로 노사공동체 형성에 기여할 수 있다.

총합결정금

총합결정금은 연령, 근속년수, 학력, 직무수행능력, 직무특성, 업적 등의 여러 가지 요소를 종합적으로 평가하여 결정하는 기본급 임금체계이다. 대체로 임금결정기준이 명확치 못하여 속인급의 성격에 근접한 임금체계이다.

이는 채용시 초임금을 결정하고, 이를 기초로 매년 일정비율의 임금액을 승급시켜가는 적립형의 임금방식이다. 임금액의 결정이 사용자의 주관적 결정에 좌우되기 쉬운 문제점이 있다. 따라서 노사분규의 쟁점으로서 종업원의 장래에 안정감이나 신뢰감에 불안감을 가져오기 쉬운 임금체계이다. 임금관리에 사용자의 재량권이 크게 개입되기 쉬운 ① 장래의 업적, ② 타사의 임금동향, ③ 인사고과, ④ 승급여부 등 문제점이 제기되기도 한다.

수당은 무엇무엇이 구성되는가?

수당은 기본급의 보완적 관점에서 지급되는 부가적 성격의 임금이다.

수당은 지급목적, 내용, 종류나 명칭, 금액도 다양하다.

수당의 유형은 직무관련수당, 생활보조수당, 생산장려수당, 복지후생수단, 임금체계의 개정, 배치, 승급 등 조정수당, 법정수당 등 복잡하여 많은 문제점이 제기 되고 있으나 임금지급조정의 효율성 측면에서 큰 효과를 주고 있다. 수당은 회사의 특성에 따라 다양하게 구성되어 있다.

상여금은 무엇인가?

상여금이란 기준 내 임금과 달리 경영성과의 분배적 급여의 일환으로 정기적 또는 비정규적으로 종업원에게 지급되는 부가적 임금이다.

상여금제도는 미국 등 서구의 기업에서 성과분배적 부가금으로 보급되기 시작하였으며, 일부 경영관리층이나 근로자들 대상으로 개별기업의 임금규칙(규정)에 의하여 1년에 1회, 또는 2회정도 지급되어 왔다.

우리나라 기업에서 지급되는 상여금(보너스)의 지급률은 1년간 월기본금의 400~600%에 이르고 있으며 이는 기업의 연간 총임금액의 25~30%를 차지하고 있다.

상여금의 성격은 ① 기업의 은혜적·감사적 인센티브 급여, ② 생활보조적 급여, ③ 공로보상적 급여(이익분배제), ④ 업적평가 등 임금후불적금여, ⑤ 사회관습적 급여 등으로 나타난다. 이와 관련된 중요학설으로는 ① 공로보상설 ② 임금후불설 ③ 성과분배설, ④ 사회관습설(명절: 설과 추석, 크리스마스 보너스, 하계상여, 연말상여 등) 등이 있다.

퇴직금

퇴직금이란 종업원이 기업을 퇴직하는 경우에 기업으로부터 지급받는 일정의 금전적 내지 비금전적 급부의 총칭이라 할 수 있다. 이러한 퇴직금은 퇴직시에 사용자로부터 일시에 지급받는 퇴직일시금과 퇴직후 일정기간 동안 정기적으로 지급받은 퇴직연금의 형태로 구분한다.

여기에서 퇴직일시금을 협의의 퇴직금이라고 지칭하고 퇴직일시금과 퇴직연금을 모두 합친 것을 광의의 퇴직금이라고 한다.

우리나라 기업의 대부분은 퇴직일시금제도를 도입실시하고 있으나 1988년부터 "국민연금제도"와 각종 "사적연금제도"의 도입으로 인하여 최근까지 퇴직연금제도의 보급이 증가하고 있다.

퇴직금 제도의 주요 기능은 ① 퇴직자의 노후생활을 보장하는 기능뿐 아니라 사회보장제도의 일환으로 중요한 역할을 한다. ② 안정적인 퇴직금제도의 운영으로 노사분규 없는 노사관계 안정에도 기여한다. ③ 퇴직연금제도의 운영을 위한 일정기간의 기금적립(기업연금적립 및 공적기관에의 적립)은 근로자의 금융 및 자본축적에 기여한다.

그리고 퇴직금의 성격과 지급근거 학설은 ① 공로보상설, ② 임금후불설, ③ 노후생활보장설, ④ 위자료설, ⑤ 장기근속장려설, ⑥ 신진대사촉진설 등이 있으나 노후생활보장설이 가장 근간이 된다.

퇴직연금제 - 근로자퇴직급여보장법

퇴직연금제도는 장기간 근속후 고령으로 퇴직하는 종업원에 대하여 장기적으로 연금의 형태로 지급하는 퇴직금유형으로, 노후생활안정 및 보장을 이룩하는데 목적을 두고 있다.

일찍이 선진국에서는 근로자의 노후보장으로 ① 공적연금으로서 인간의 생존을 보장하고, ② 기업연금으로 표준적인 노후생활을 보장하며, ③ 임의적 개인연금으로 보다 풍요로운 노후생활을 즐기는 3대 방안을 정착시켜가고 있다.

특히 퇴직연금제도는 사적연금의 대표적 형태인 기업연금제(적격연금제)도와 공적연금 형태인 조정연금제(후생연금)도로 구분된다.

기업연금제도(적격연금제도)

세법상의 적격요건을 구비하고 국세청의 승인을 얻어서 실시하며, 법인세, 소득세법상의 우대조치가 인정된다.

조정연금제도(후생연금기금제도)

기업연금에서 후생연금의 일부를 대행하게 하여 양자의 기능이나 비용의 부담을 조정함으로써 퇴직자에 대한 보다 많은 연금지급을 목적으로 한 것이다.

우리나라도 상시근로자 5인 이상 사업장에서 1년 이상 근속한 근로자를 적용대상으로 퇴직일시금제도를 실시하고 있다. 정부는 2005년 12월부터 퇴직연금제도를 도입하기로 하고 "근로자 퇴직급여 보장법"을 제정하고 시행령까지 만들었다.

우리나라 임금체계는 복잡하다. : 걸레처럼 너덜너덜하다.

임금체계의 복잡성 여부에 대한 논란은 사업체나 공공기관에 따라 다소의 차이를 보이고 있으나 대체로 우리나라 전사업장의 임금체계가 "걸레와 같이 너덜너덜하다"는 표현들을 하고 있다. 기업규모별로 볼 때 중소기업이나 대기업 모두 임금체계는 복잡한 것으로 조사되었다. 임금체계가 복잡하다고 생각하는 설문 응답자 중에서 이처럼 임금체계가 복잡하게 된 가장 큰 원인이 무엇인가 알아본 결과는 〈표 10-1〉과 같다.

즉, 기업이 기본급 인상보다는 수당의 신설확대로 대처했기때문이 41.5%로 가장 높고, 근로자나 노동조합이 수당신설 요구 때문이 18.4%, 그리고 생산직의 경우 초과근로수당 때문에 기본급비중을 높일 수가 없어서 17.7%로 나타났다. 결국 이 세 가지 문항은 비록 표현은 다르지만 기업이 기본급 비중을 낮추는 대신에 수당의 신설확대로 대체함으로써 임금체계를 복잡하게 만들었다는 것을 뜻한다. 노조 역시 새로운 수당을 신설하는 것이 자신들의 업적을 나타내는 전시효과가 높기 때문에 수당신설을 요구함으로써 임금체계를 더욱 복잡하게 만들었다.

표 10-2 **임금체계가 복잡하게 된 원인**

(단위: %)

구 분	산업별		계	규모별		
	제조업	비제조업		300 미만	301~999	1,000 이상
정부의 임금 억제정책	6.9	15.2	9.5	10.3	7.1	10.6
수당의 신설	35.6	54.3	41.5	41.4	38.1	44.7
임금관리의 소홀	5.0	6.5	5.4	5.2	9.5	2.1
임금지급관리 불만	7.9	2.2	6.1	6.9	11.9	-
기본급비중의 억제	23.8	4.3	17.7	17.2	16.7	19.1
노조의 수당신설 요구	19.8	15.2	18.4	15.5	16.7	23.4
기 타	1.0	2.2	1.4	3.4	-	-
계 (응답사업체수)	100.0 (101)	100.0 (46)	100.0 (147)	100.0 (58)	100.0 (42)	100.0 (47)

자료: 김성수 교수 정리.

최저임금제도란 무엇인가?

최저임금제의 개념

최저임금제란 국가가 임금의 결정에 직접 개입하여 임금의 최저수준을 정하고 사용자에게 그 지급을 법적으로 강제하는 제도이다.

원래 임금은 노동시장의 자율적인 기능에 의해서 결정되는 것이지만 사회적으로 용납되기 어려운 정도로 임금이 낮아서 사회적인 역기능을 하고 있다면, 사회정책적인 관점에서 정부가 임금결정에 개입하여 임금의 최저수준을 직접 정하고 사용자에게 그 지급을 강제할 필요가 생긴다. 최저임금제는 바로 이러한 사회정책적인 관점에서 노사간의 임금자율결정원리를 일부 수정하는 제도로서 도입된 것이다.

이때 법률적 강제력을 갖는 임금의 최저한도를 조사・심의・규정하고 이를 지키도록 감독하는 일련의 형식을 최저임금제도라고 하고 이에 의하여 정하여진 임금을 법정최저임금이라고 한다.

우리나라 최저임금제의 시작과정

우리나라에서는 1986년 12월 31일 법률 제3927호로 최저임금법을 제정・공포하고 1988년 1월 1일부터 상시근로자 10인 이상인

제조업에 적용한데 이어, 1989년 1월 1일부터 상시근로자 10인 이상의 제조업 · 광업 · 건설업으로 확대 적용 · 실시하였다.

그러나 최저임금제 본래의 취지인 저임금근로자 보호에 미흡한 점이 있었으며 저임금근로자들이 폭넓게 존재하고 있는 위생 · 서비스업이 최저임금제의 적용대상에서 제외되고 있는 반면 고임업종으로 분류되는 광업 · 건설업에만 최저임금제가 적용되는 문제점이 있어서 1990년도부터 최저임금제를 상시근로자 10인 이상인 모든 산업에 확대 적용하기로 하고 1989년 7월 4일 최저임금법 시행령을 개정하여 실시하였다. 그 후 1999년 9월부터 2001년 8월까지 최저임금법 시행령을 개정, 최저임금제를 5인 이상 사업장으로 확대하였다. 그리고 2001년 9월부터 2010년 8월 현재까지 적용대상을 전 산업 모든 사업장에 적용하였다. 적용대상은 1인 이상 근로자를 사용하는 모든 사업 또는 사업장이다.

고용노동부장관은 최저임금을 결정할 경우 대통령령이 정하는 바에 의하여 노사정공익대표로 구성된 최저임금심의위원회의 심의를 요청하고, 최저임금심의위원회 심의 · 의결한 최저임금안에 따라 최저임금을 결정하도록 하였다. 그 결과 우리나라의 최저임금제는 도입 10년만에 모든 산업으로 확대 적용되어 명실상부하게 저임금근로자 보호를 위한 사회정책적 제도로서의 기능을 다하게 되었다.

2014년 최저임금액은 전년대비 7.2% 증가한 5,210원으로 결정되었다(2013년 7월 5일 최저임금심의회의 결정).

최저임금제의 목적

고한노동의 방지

최저임금제의 목적은 부당하게 낮은 임금을 타당하다고 볼 수 있는 수준까지 끌어올리는 데 있다. 저임금, 장시간근로, 열악한 근로환경으로 대표되는 고한노동(苦汗勞動)을 막기 위해서 최저임금제가 필요하다.

근로자간의 조직발전

미조직근로자 및 조직불량의 근로자를 보호하기 위해서 최저임금의 원칙이 적용된다. 말하자면, 근로자간에 조직이 미발달한 단계에서 최저임금제가 나오게 되는 것이다.

산업평화의 촉진

산업의 각종 조직에 충실한 기업에서는 임금이 대체로 단체협약에 의해 조정된다. 그러나 단체협약 성립과정에서는 파업으로 끌고가 사회문제를 야기시킬 수도 있다. 이와 같은 위험을 피하고 산업평화를 촉진하기 위해서 최저임금제를 도입하게 된다는 것이다. 이러한 의의와 목적은 대부분 우리나라에서도 그대로 적용된다고 볼 수 있을 것이다.

최저임금제의 결정방식

임금심의회 방식

영국 또는 독일형이라고도 하며, 고한산업이나 노동조합이 존재하지 않는 미조직분야의 임금상태를 개선하고 기업간의 불공정한 경쟁을 배제하기 위한 근로자와 사용자의 대표 및 국가를 대표하는 공익위원회의 3자로 구성되는 임금위원회 또는 임금심의회가 최저임금을 결정하는 방식이다. 우리나라가 실시하는 최저임금제도 역시 이 방식이다. 이 방식에는 임금심의회가 특정 산업에 설치되는 것과 각종 산업을 포괄적으로 취급하는 단일의 심의회가 설치되는 2개의 유형이 있다.

중재재판소 방식

임금으로 인하여 노사간 분쟁이 발생할 때 중재재판소 또는 중재위원회의 재정결정에 의하여 최저임금을 결정한 다음 법적 구속력을 부여하는 방식이다.

이 방식은 세계 최초의 최저임금제인 1894년 뉴질랜드의 산업조정중재법으로 채택되었으며 호주에서도 행하여졌다. '스트라이크'가 금지된 상황에서 강제중재를 행하는 것이므로 단체협약의 효력확장 적용방법의 경우보다 최저임금이 낮을 가능성이 크다.

법정최저임금 방식

법률로 최저임금을 결정할 때 다른 일반법칙의 제정 혹은 개정의 수속이 취해지는 것을 말하므로 어떤 방식보다 신중하다고 할 수 있다. 따라서 법정방식은 최저임금액의 개정이 경제정세의 변화에 탄력적으로 대처하기 어렵다는 단점을 지니고 있지만 이 방식은 결정내용을 일반에게 주지시키려는 점에서는 다른 방식보다 우월하다고 말할 수 있다. 이런 방식을 취하고 있는 나라는 미국의 연방최저임금이다.

노동협약 방식

하나의 기업에서 이루어진 전국적인 노동협약이나 지역적 노동협약에서 결정된 최저임금제의 적용을 그 협약에 참가하고 있지 않은 기업과 근로자에게도 확장하는 법률로서 강제하는 것이다. 특히, 이 방법이 효과를 거두기 위해서는 노사의 조직과 단체교섭 및 그것에 상응하는 노동협약을 발전시켜야 하며 기업 간의 임금 격차가 없어야 한다.

이 제도로서 유명한 프랑스는 SMIC(Salir Minimun de Interprofessional Croissance)로 불리는 전국일률최저임금이 있다. 이것은 1950년의 노동협약법을 근거로 해서 이 법률에 의해서 설치된 노동협약 최저임금위원회의 의견을 듣고 정부가 정부명령의 형태로 최저임금을 정하는 것이다.

최저임금제의 효과

최저임금제의 실시에도 역시 긍정적인 효과와 마찬가지로 부정적인 효과가 있다. 그러므로 최저임금제의 실시도 중요하지만 무엇보다도 중요한 것은 이러한 긍정적인 효과를 극대화하고, 부정적인 효과는 극소화해야 한다. 따라서 최저임금제의 긍정적·부정적 효과를 살펴보면 〈표 10-3〉과 같다.

표 10-3 **최저임금제의 효과**

긍정적 효과	부정적 효과
· 저임금과 임금격차의 해소 · 소득분배의 효과 · 노동쟁의의 방지 역할 · 기업의 공정경쟁 유도 · 양질의 노동력의 확보 · 기업의 공정경쟁 유도 · 생산구조의 고도화 촉진 · 사회복지정책의 기초	· 고용감소효과 · 영세기업의 도산우려 · 중소기업의 경쟁력 악화 · 인플레이션의 우려 · 직장내훈련 감소 · 청소년, 부녀자, 노년층의 일자리 감소

표 10-4 **미국과 일본의 최저임금제도의 비교**

	미 국	일 본
형 태	· 전산업 최저임금제 : 법정방식 및 주별로 다양한 방식률 채택	· 노사협약효력확장 : 심의회방식 및 단체협약방식(심의위원회 자문을 받아 정부가 결정)

	미 국	일 본
법령근거	·매사추세츠주법(1911) ·전국산업부흥회(1933) ·공정노동기준법(1938)	·최저임금법(1959) ·최저임금법(1968)
목 적	·근로자 보호 ·불공정 경쟁방지 ·표준임금 지급	·국제적 불공정 경쟁방지 (최초의 목적)
배 경	·뉴딜정책일환으로 시행(1933) : 즉, 임금증가에 의해 유효수요 확대 목적 ·불공정경쟁 배제	·노동기준법(1947) 및 가내노동법(1970)에 규정되어 있음
적용범위	·기본적으로는 전국 전산업이나 주에 따라 다양 : 학생(파트타임), 심신장애자, 미성년자 등은 제외	·최저임금법의 대상근로자 : 지역적 확장적용, 도입 초에는 제조업일부 업종에만 적용 : 수습중인 자, 소정근무시간 미만인 자 제외
결정기준	·생계비 ·생산성 ·일반임금수준	·생계비 ·유사업종의 임금수준 ·기업의 지급능력
결정기구	·국회(노사, 공익대표)	·정부와 심의회(노사, 공익대표)
최저임금 수준결정 방 식	·법률로 직접 최저임금률 결정 ·연방법과 주법별로(41개주에 최저임금제 실시) ·주에 따라 법정방식과 심의회 방식 중 택일 또는 병용	·당초 업자간 협정임금 신청, 최저임금심의회 의견청취, 정부가 결정(1968년 : 지역별 최저임금 폐지) ·단체협약효력 확장제도(지역별) ·최저임금심의회(중앙·지방) 자문, 산업, 직업, 지역별로 차등적 최저임금결정
갱신여부		·매년 갱신

자료: 김성수(1998), 산업평화의 정착을 위한 신노사관계론, 신고증보판, 법경사, pp. 310~311.

임금형태

임금형태란 "임금의 산정방법 및 지급형태"를 의미한다. 임금형태는 임금체계와 임금수준결정과 함께 임금관리의 중요한 부문을 이루고 있다.

우리기업의 CEO들이 임금형태를 선택함에 있어서 다음과 같은 점을 고려하고 있다.

① 임금형태는 노동력에 상응하는 적정한 임금산정방법이어야 한다.

② 임금의 산정, 지급방법이 간편해야 한다. 단, 종업원이 쉽게 이해할 수 있어야 한다.

③ 작업성과 및 능률향상의 정도를 공정한 임금액의 결정 및 지급에 적합해야 한다.

④ 종업원의 생활안정과 노동력의 재생산에 적절한 임금의 산정이 이루어져야 한다.

⑤ 노사간의 신뢰성을 가질 수 있도록 임금형태의 선택 및 운용에 중점을 두어야 한다.

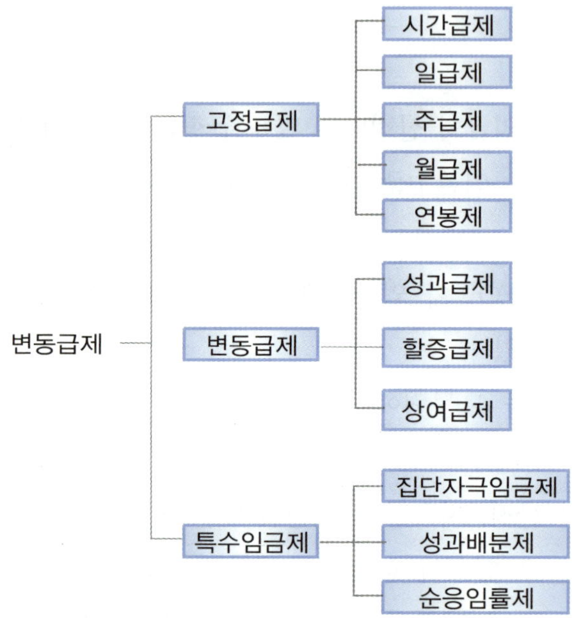

그림 10-4. 임금형태의 분류

임금형태의 유형

● 고정급제란?

일정의 근로시간을 기준으로 적정액의 임금을 지급하는 고정급제(정액급제)는 ① 시간급제, ② 일급제, ③ 주급제, ④ 월급제, ⑤ 연봉제 등으로 구분한다.

표 10-5 고정급제

형 태	특징과 내용
시간급제	① 근로시간을 단위로 임금액을 결정하고 지급하는 제도 ② 시간급은 1시간(60분)을 단위로 임률을 정하고, 실제노동시간을 곱하여 임금을 산정하는 방식(W=Ah×Rh)(W: 임금, Ah: 실제작업시간, Rh: 시간당 임률)(Wage=Actual hour×Rate per hour) ③ 생산직의 현장근로자, 임시고용직, 비정규직 대상으로 한 임금지불방식
일급제	1日을 단위로 일정한 임금을 실제 근로일수를 곱하여 산정·지급하는 방식
주급제	① 1주간의 근로단위 기준으로 임금을 결정하고 지급하는 방식 ② 생산직보다 특정의 사무직 근로자의 임금산정 및 지급방식 적용
월급제	① 월 단위의 임금을 산정하고 지급하는 방식 ② 월간의 휴일, 경축일, 지각·조퇴, 결혼 등의 사유에 관계없이 일정의 금액을 산정하여 지급하는 형태
연봉제	① 직무수행능력, 업적, 공헌도 등의 평가결과를 중심으로 1년간의 임금총액을 결정하여 지급하는 형태 ② 본절의 "연봉제" 참조

✔ 변동급제란?

● 성과급제란 무엇인가?

성과급제는 근로자의 직업성과 또는 노동성과의 정도에 따라 임금을 산정하여 지급하는 임금형태이다. 근로자의 동기부여 및 노동 생산성 향상에 크게 기여하고 있다. 성과급제는 근로자의 개인적 또는 집단적으로 수행한 작업성과를 평가하여 임금액의 차이를 결정하고 지급하는 임금제도이다. 따라서 개별 종업원의 성과급은 각자의 작업성과의 정도에 따라 차이가 나타나게 된다.

특수임금제란?

● 집단자극임금제

집단자극임금제는 일정한 기준에 따라 분류한 근로자집단별로 임금을 산정하여 지급하는 제도이다. 특히 이 제도는 동일한 제품을 대량생산하고 있는 근로자 상호간의 긴밀한 유대관계와 협동심의 고취를 통한 전체적인 팀웍의 형성과 직장 내의 전체적 작업능률의 향상을 위하여 고안된 임금지급형태이다.

집단자극임금제에는 집단의 성과와 관련하여 총생산량의 증가나 원가절감으로 기업의 이윤증대가 있을 경우 특정집단에 지급하는 집단성과급제 등이 있다.

● 순응임률제

순응임률제는 기업의 임금산정에 있어서 물가변동과 같은 경제적 조건의 변화나 기업의 사정에 순응하여 임금률을 자동적으로 변동・조정하여 지급하는 임금의 지급형태이다. 순응임률제는 일반적으로 물가의 변동에 따른 근로자의 실질생계비의 보장을 위하여 도입되었다.

● 성과배분제도

종업원에 대한 성과분배의 방법으로서 판매활동의 결과 이익발생 비율에 따라 상여금, 일시금, 업적급 등의 다양한 형태로 지급되고 있다. 그 특징으로는 ① 종업원의 성취동기 유발 및 애사심의 증대 ② 경영공동체의 형성 및 종업원의 근면성과 창의력의 촉진, 능률증대 ③ 성과배분제의 도입에 의한 탄력적 임금정책의 실현 ④ 근로자의 재산형성과 공정한 보상의 실현 ⑤ 노사관계의 개선 및 협력성의 촉진 등에 기여할 수 있다.

연봉제란 무엇인가?

연봉제라는 것은 연간봉급을 줄여서 부르는 말로 기본적으로 종업원이 1년간 받을 수 있는 총액임금제도로 정의한다. 즉, 종업원이 자신의 과거업무성과와 잠재적 능력을 기준으로 한해동안 받을 수 있는 총임금이다. 따라서 종업원 노동능력의 1년간 시장가치기준액이 된다.

연봉제는 크게 업적중심과 통합적 임금제도라는 특징을 가지고 있다.

● 업적중심 임금제도

개인별 업무실적, 개인별 공헌도에 대한 통합적 평가를 통해 연간 임금액이 결정되는 실적중심형 임금보상이다. 따라서 연봉제의 도입이유는 업적이 높은 사람에 대한 대우가 기본이기 때문에 연봉제는 공정한 실적중시형 임금제도임을 확신시키고 있다.

● 임금의 통합성

임금을 구성하고 있는 항목들을 통합해 연봉액을 결정하기 때문에 기존 임금체계에서 일반적으로 사용된 '기본금+상여금+수당' 등의 구분이 없는 것이 특징이다. 따라서 기존의 임금체계를 구성하고 있는 항목 등을 통합하여 임금과 성과에 의한 업적급으로만 분류한다.

연봉제 도입이유(목적)

연봉제의 도입이유는 ① 업적·성과가 높은 사람에 대한 시장가치의 대우, ② 고급인력의 확보, ③ 사기진작을 통한 업적제고, ④ 업적이 낮은 사람, 능력이 없는 사람과 구별하여 정리해고, ⑤ 인건비 절감 등 때문이다.

연봉제의 임금구조

〈기존임금구조〉		〈연봉제 임금구조〉	
기본급 상여금 직급·직무 수당	→ → →	연봉	기본급 업적급
직무관련수당 생활관련수당 법정 수당 차량 유지비 휴가비 등	→ → → → →	연봉 외 급여	

기본급

기본연봉으로써 개인이 받을 수 있는 기본임금이다. 보통 연공・직무・직능・직위에 따라 구성되는 임금에 의해서 산출된다. 연봉총액에서 차지하는 비중은 업적과 능력성과에 의해 지급되는 장려급과 조정률을 통해 결정된다.

업적급

업무성과에 의해서 결정되는 업적성과급이다. 성과달성 정도에 따라서 결정된다.

연봉 외 급여

연봉에 상관없이 제공되는 것으로 기존의 연・월차수당, 식사비용, 차량유지비, 휴가비 등 복리후생적 또는 실비변상적 급여 등을 통합하여 결정된다.

연봉제의 유형은 무엇무엇인가?

연봉제의 유형은 임금의 누적적 성격과 임금인상 적용범위에 따라서 크게 4가지 유형으로 구분한다. 임금의 누적적 성격이란 연봉인상이 누적적인지, 누적되지 않고 매년 0에서 시작하는지, 즉 제로베이스(Zero base)를 구분하는 것이다. 임금인상 적용범위는 전체 종업원을 대상으로 하는지, 일부에 국한하는지에 따라 달라진다.

〈연봉제 유형〉

		누적적 성격	
		비누적	누적적
연봉인상 적용범위	전체	프로 선수형	순수업적급형
	일부	업적 보너스형	혼합형

✔ 프로선수형

프로 체육선수와 같이(예: 야구, 축구, 농구 등) 연봉을 전체 임금을 대상으로 하여, 전년대비 임금이 누적되지 않는다. 지난 해의 업무성적이 그대로 반영되기 때문에 자신의 연봉이 2~3배 인상될 수 있고, 그만큼 인하될 수도 있다.

✔ 업적급형

업적급형(merit pay)은 금년도 연봉이 전년도 연봉을 기준으로 설정된다. 단지 지난해에 비해 종업원의 업무성과를 평가하여 인상과 인하를 결정한다. 예를 들면 전년도 연봉이 5천만원이고 업무성과율이 10%라면, 올해 연봉은 5천5백만원이 된다. 연봉을 결정하는 방법 가운데 임금인상률을 사용할 수 있는데, 각각의 인사평가 등급에 따라 차등적으로 적용할 수 있다.

✔ 업적보너스형

업적보너스형(merit bonus)은 연봉 가운데 일부에 한해 비누적적인 방법으로 임금을 차등하는 방법이다. 예를 들면 기본급이 정해진 상태에서 업적에 따라서 보너스를 제공한다. 이 유형은 실제적으로 연봉제로서 가치를 인정하면서 연공적 성과급제로서 활용되기도 한다. 그러나 이론적으로는 연봉제의 유형으로 사용된다.

혼합형

혼합형은 순수업적급과 업적보너스형을 혼합한 것으로 기본연봉에 대해서는 누적적 임금체제를 사용하지만, 일부 업무성과에 대해서는 전년도 업적에 따라 비누적으로 임금이 결정되게 하는 방법이다. 따라서 전체 연봉은 기본연봉과 업적보너스를 합쳐서 결정된다.

표 10-6 **평가 등급별 임금조정방법**

(A형)

평가등급	A	B	C	D	평균
인상지수	1.5	1.1	0.9	0	10

(B형)

평가등급	A	B	C	D	E
인상지수	1.5	1.2	기준 = 1.0	0.8	0.5

연봉제의 효과는 무엇인가?

연봉제를 실시하는 것은 21세기형 임금지급관리의 한 형태로서 자리잡고 있다. 우리나라는 많은 사업장에서 연봉제를 실시하고 있다. 그러나 프로 전문가 그룹, 또는 관리자급, CEO급, 종업원의 직무중 계량적으로 나타내는 업무성과를 시현할 경우 그 효과는 크다고 할 수 없다. 그러나 기능공, 기술공, 실험실 등 비계량적 직무를 수행하고 있는 하위직 근로자층은 연봉제 실시는 오히려 업무의 효과를 기대할 수 없는 경우가 나타나기 때문에 반대하는 곳도 많다. 따라서 연봉제는 그 평가시스템이 가장 중요한 요소로 작용하고 있음을 인지해야 한다. 그러나 다음과 같은 결과를 얻을 수 있다.

✔ 동기부여수단

개별 종업원들의 업무성과에 따른 보상으로 성과 향상을 위한 동기부여의 수단이 된다. 연봉제 실시는 능력있는 구성원의 동기를 부여하는 척도가 된다.

✔ 목표관리와 조직문화 정착

성과지향 목표관리의 조직분화를 정착시킬 수 있다. 개별 종업원은 자신의 업무성과를 관리하기 위하여 스스로 과업목표를 설정하고 노력한다. 팀단위의 업무성과가 자신의 연봉에 반영되기 때문에 팀 목표관리 또한 효율적으로 이루어진다. 이상과 같이 조직 전체의 목표의식과 목표관리가 성공적으로 이루어진다.

✔ 능력있는 인재충원의 용이

능력있는 인재를 확보할 수 있고, 능력있는 종업원일수록 자신의 능력을 최대한 발휘하면 그만큼 임금소득이 높기 때문에 만족을 얻을 수 있다. 따라서 능력있는 인재는 자신의 능력을 보상받을 수 있는 조직을 선호한다.

✔ 성과지향주의 강조 금지

21세기의 임금제도가 연봉제로 지향함에 따라 종업원들의 기존 연공급에 향수를 가지는 노조나 근로자들이 많다. 따라서 조직에서 과다하게 성과지향주의 연봉제를 강조할 경우 오히려 조직의 붕괴가 올 수 있다.

이러한 우려를 방지하기 위하여 성과평가의 공정성, 업적지향주의, 부정적인 경쟁심리, 조직문화의 수용성, 근로자의 대가에 관한 의식 등을 조사하여 검토할 필요가 있음을 강조한다.

11

FOCUS

노사갈등을 풀어라.

- 갈등이란 무엇인가?
- 갈등의 유형은 어떤 것이 있는가?
- 갈등의 요인을 찾아라.
- 갈등해소의 기법을 찾아주어라.
- 노사갈등의 문제와 그 해소방안을 찾아라.

11

FOCUS

노사갈등을 풀어라.

갈등이란 무엇인가?

갈등(conflict)이란 개인이나 집단이 함께 일하는 데 애로를 겪는 상태로 정상적인 활동이 방해되거나 파괴되는 상태라고 규정지을 수 있다. 따라서 이러한 갈등은 조직의 정상적 기능을 해치는 것으로서 조직의 검은 그림자(black shadow)라고 할 수 있다.

노사갈등이라고 할 때에는 노사분쟁이라는 용어로 사용되기도 하며, 그것은 고용조건과 고용관계를 포함한 근로자와 사용자간의 욕구적 차이를 의미하기도 한다. 따라서 노사갈등은 고용조건, 근로조건, 노동환경조건의 불만을 의미하며, 이를 조정하기 위하여 협상 · 변경 · 유지 · 개선 등을 강구하기 위한 대상이 되는 것이다.

조직에서의 갈등은 어떻게 보면 필연적인 현상이다. 다양한 배경 · 관심 · 소질을 지닌 근로자들이 상호작용을 하는 조직에 있어서 인간 사이의 갈등은 불가피한 것이다. 그러나 한편으로 갈등의 부재가 문제가 될 수도 있다. 즉, 그것은 조직이 지나치게 경직되게 운영된다든가, 조직구성원이 너무나 동질적이라는 것을 의미할 수도 있다.

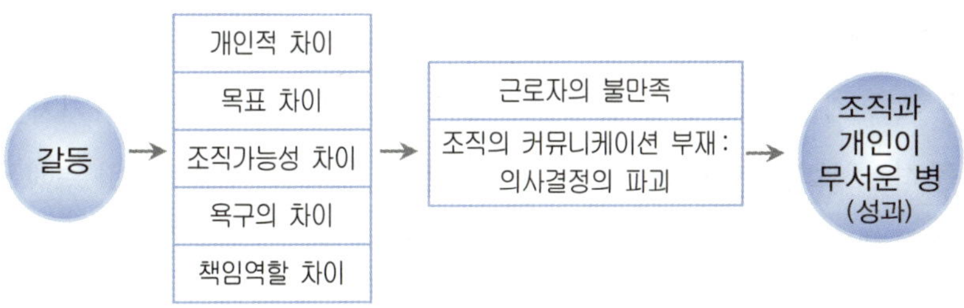

그림 11-1. 갈등의 모형

갈등의 유형은 어떤 것이 있는가?

갈등의 유형은 매우 다양하게 분류될 수 있다. 이러한 갈등의 유형은 행동의 주체, 갈등의 진행단계, 표면화된 대립적 행동 및 갈등상황 등을 기준으로 분류하는 경우가 있고, 또 조직의 이해관계를 기준으로 순기능적 갈등과 역기능적 갈등으로 분류하기도 한다.

개인적 갈등을 살펴보자.

첫째, 좌절갈등

좌절은 개인의 동기화된 충동이 기대목표에 도달하기 전에 장애 및 장벽에 부딪칠 때 발생하는 심리적 상태를 뜻하며, 이러한 심리적 상태에서 갈등이 야기되는 것을 좌절갈등이라고 한다. 이러한 욕구좌절상태에서 갈등을 느끼는 개인은 즉시 방어기제로서 공격, 철회, 고착 및 타협 등과 같은 다양한 형태의 반응행동을 취하게 된다.

둘째, 목표갈등

목표갈등은 오늘날 공식조직에서 흔히 발생하는 갈등으로써 목표의 성격과 경합상대에 따라 일반적으로 접근-접근갈등, 접근-회피갈등, 회피-회피갈등 등 세 가지로 분류된다.

셋째, 역할갈등

행동의 당위성인 규범과 밀접한 관계를 갖고 있는 역할의 개념은 일정직위에 있는 개인의 행동에 대해서 사람들이 갖는 일련의 기대를 의미한다.

그런데 이러한 역할이 어느 개인에게 복합적으로 부여될 때 그 개인은 역할갈등을 면치 못하게 된다.

이러한 역할갈등의 유형은 다음 네 가지로 ① 역할간의 갈등, ② 개인-역할갈등, ③ 전달자간의 갈등, ④ 전달자내의 갈등 등으로 요약된다.

집단간 갈등을 살펴보자.

첫째, 기능적 갈등

각기 기능이 다른 집단간에 생기는 갈등이다. 기능적 갈등은 과업이나 목표 또는 경계역할의 비양립성으로 인해 발생한다. 목표의 비양립성이란 한 집단이 동일한 상황에서 동일한 결과를 성취하는데 다른 집단의 방해를 받는다는 것을 의미한다.

둘째, 계층적 갈등

조직내 각 계층간에 일어나는 갈등이다. 이사회는 최고경영자와 중간관리층은 하급관리층과 갈등을 느낄 수 있고, 관리자와 작업자간에도 일반적인 갈등이 있을 수 있다. 이러한 계층적 갈등은 지위 · 권위 · 금전과 같은 조직의 보상을 둘러싼 이익집단의 암투에서 비롯된다고 할 수 있다.

셋째, 경쟁적 갈등

한 조직내의 여러 집단이 유사한 기능을 가질 때에 발생한다. 예컨대, 기업에서 특정 고객에 대하여 영업 1부와 영업 2부가 동시에 판매활동을 벌이게 될 경우에 이러한 갈등이 일어나게 된다.

갈등의 요인을 찾아라.

개인갈등의 요인은 무엇인가?

갈등의 원천으로써 개인갈등의 요인에는 각 성원의 가치체계, 성격특성 등이 포함된다.

이하에서는 특히 갈등의 관점, 권위주의적 성격, 인구통계적 요인 등을 중심으로 설명하고자 한다.

첫째, 갈등의 관점은 전통적이며 잠재력을 가지고 있다.

조직내에서 갈등은 역기능을 나타내기 때문에 될 수 있는 대로 회피해야 한다는 전통적 관점이다. 그리고 행동주의 관점으로 갈등이란 자연적인 것이며 또한 불가피한 것이라고 본다. 따라서 갈등은 악한 것이 아니라 오히려 조직의 효과성을 결정하는 적극적 역할을 할 수 있는 잠재력을 가지고 있다고 본다.

둘째, 갈등의 요인은 권위주의에 대한 성격차이 때문이다.

권위주의적 성향이 높은 사람은 지적으로 경직되어 있고, 남을 판단하기 좋아하며 상사에게는 잘 보이려고 하는 반면에 부하에게는 냉혹하며 착취적이다. 또한, 변화를 싫어하고 이에 저항한다.

이 권위주의적 성격유형은 내용의 흥미성 때문에 많은 이들의 연구대상이 되었지만 이것이 개인의 업무수행에 과연 직접적인 영향을 미칠 것인가는 문제시 된다. 그러나 높은 권위주의적 성향을 지닌 사람은 구조화가 잘된 조직에서 높은 성과를 내는 반면에 이것이 낮은 사람은 덜 구조화된 조직에서 높은 성과를 낸다.

셋째, 갈등의 용인은 연령, 학력, 직위, 전공분야, 근속년수, 직무분석 및 담당업무 등의 인구통계적 요인에 의해서 발생한다.

갈등의 영향은 집단성원이 젊거나 이직률이 높은 경우 갈등의 잠재가능성이 높아지는 경향이 있으며 근속년수와 갈등간에는 역 상관관계가 있는 것으로 밝혀지고 있다. 또한 나이, 근속년수, 학력 및 임금 등과 같은 지위를 나타내는 요인에 있어서의 차이도 갈등을 유발한다.

또 특별한 경우로서 젊은층과 중장년층간에도 갈등이 존재할 수 있다. 이는 가치의 차이에서 연유하는 것인데 특히 경영자의 시각에서 볼 때, 젊은층의 행위는 불충스럽고 인내심이 없으며 그들의 직무에 관심이 없는 것처럼 보인다. 반면에 젊은층은 자신들의 전문집단에 동일시되어 있으며, 부여된 업무를 열심히 수행하고 있다고 믿으며 일상적이고 반복적인 업무는 기피하려고 한다. 또한, 전공분야와 배경의 차이, 근무부서와 담당업무 및 직무여하에 따라서도 갈등이 유발될 수 있다는 것이다.

집단간 갈등의 요인은 무엇인가?

집단간의 갈등이 어떠한 이유에서 일어나는가 주요 요인에 대하여 살펴보자.

첫째, 상호의존성 때문에 발생한다.

두 집단이 각각의 목표를 달성하는데 상호간의 협조와 정보의 제공, 동조 혹은 협력행위를 요하는 정도라고 할 수 있다. 이러한 상호의존성은 한 집단이 다른 집단에 대한 의존성, 혹은 두 집단간의 연합이나 합의를 필요로 하는 상황 등의 형태를 띤다. 조직에서의 상호의존성은 한정된 자원과 시간의 압박이라는 조직의 두 가지 특성에서 기인한다.

둘째, 목표의 차이 때문에 나타난다.

기업에서 생산부문은 장기적이고 경제적인 생산을 원하는 반면 마케팅부문은 고객에 대한 신속한 배달을 바란다. 또한, 라인부문은 안정을 원하고 스탭부문은 변화에 중요성을 둔다. 이와 같이 집단간에는 신축성과 안정성, 장기업적과 단기업적, 측정가능한 결과와 눈에 보이지 않는 결과, 조직의 목표와 사회의 욕구간에 대해 각각 상충되는 입장을 취하게 되는 수가 있다.

이와 같이 조직내에서 집단간의 목표가 다르게 되면 갈등이 일어나게 되는데, 이러한 목표의 차이는 한정된 자원에 대한 상호의존성, 경쟁적인 보상체계, 개인목표의 차이 등 주관적으로 해석되는 조직목표에 기인한다.

셋째, 지각의 차이에서 갈등의 원인이 된다.

집단간의 현실에 대한 지각의 차이도 갈등의 중요한 원인이 된다. 지각의 차이는 의견의 불일치를 촉진시키고 공동의사결정이나 협력을 어렵게 만든다. 이러한 지각의 차이는 대부분 커뮤니케이션 문제에 기인하는 것이라고 할 수 있다. 따라서 지각의 차이는 ① 정보전달경로상의 문제, ② 독자적인 정보원, ③ 시간관의 차이, ④ 목표의 차이 등으로 갈등이 나타난다.

갈등해소의 기법을 찾아주어라.

첫째, 고충처리절차

관리자에게 불만이 전달되는 가장 중요한 통로는 고충처리절차이다. 이러한 통로는 개인의 불평을 감독자와 토의하게 한다. 노동조합이 의사소통에 공헌하는 것의 하나로써 근로자의 불평을 감독자와 토의하게 하며 용기를 북돋아 주는 것이다.

둘째, 직접관찰기법

모든 갈등이 다른 사람에게 전달되는 것은 아니다. 훌륭한 관리자는 근로자의 일상적 행동을 알고 있으며 행동에 중요한 변화가 일어나면 그는 가능한 동기를 생각해야 된다. 왜냐하면 그러한 동기는 근로자가 기대했던 승진에 누락한 경우 불평이 없어도 개인의 작업량과 작업행동은 급격히 저하된다. 따라서 생산성이 나쁜 방향으로 영향을 받지 않는다고 하여도 그 근로자의 실망은 어느 정도 완화시켜 주어야 한다.

젊은 근로자들보다 많이 배운 근로자들은 현재상황에 자주 회의를 가지며 개인을 위하여 불평을 말할 가능성이 높다. 결근이나 지각 역시 항의의 표시이다. 따라서 고충처리율, 사고율, 전직요구, 사임, 징계사례의 분석은 어떤 상태에 만족하지 못하는 일반적 경향을 나타내는 것일 수도 있다.

셋째, 건의함 설치

건의함에 대한 일반적 형태는 근로자의 불평과 불만을 해소시키는데 목적이 있다. 여기서 언급된 건의함은 불평상자(gripe box)이다. 이 불평상자를 설치한 회사는 불평과 불만의 갈등에서 생기는 모든 문제를 감소시키기 위하여 관심을 가져야 한다. 그리고 익명성의 신원이 밝혀졌을 때 불만족을 제공한 근로자에게 용기를 주는 경영방침이 필요하다.

넷째, 개방정책의 활성화

관리자들이 자기방의 문은 항상 열려 있다고 일반적으로 말하고 있지만 실제로 그것이 실행되는 일은 드물다. 항상 그렇듯이 고위급 관리자들은 그들과 어떤 문제라도 논의하기를 바라는 모든 사람에게 문이 항상 열려있다고 공언한다. 그러나 실제로 경영자 및 이사 이상의 경우 비서들을 거치지 않을 수 없다.

대다수의 종업원은 개방정책이라는 것이 그냥 장식에 불과할 뿐이라고 인식하며, 언변, 태도 등에서 자신감이 없을 뿐만 아니라 조직계층적 장애를 인식하는데서 높은 문턱을 넘어가지 못하고 있다. 따라서 이 제도는 유익하고 민주적인 것처럼 보이지만 일반적으로 비효과적이므로 문턱을 낮추고 근로자들과 서로의 대화를 나눌 수 있는 개방정책의 활성화가 필요하다.

다섯째, 인사상담역의 배치

대기업은 종업원 상담자로 활동하도록 훌륭한 심리학자들을 채용한다. 보통 상담자들은 인사부서에 소속되어 있다. 상담제도의 합리성은 불평상자(gripe box)와 유사한 면이 있다. 종업원이 상사에게 가기를 원치 않을 때 그들은 신분과 속마음을 지켜줄 수 있는 명령계통 이외의 사람을 찾아가기를 원한다. 인사상담자에 관한 공정성과 신뢰의 분위기를 확립하는 것은 매우 중요하다. 인사상담자는 참모직위에 있는 경영자 요원의 일원으로서 근로자의 갈등을 해소시켜준다는 신념이 필요하다.

여섯째, 퇴직면담제도의 도입

만약 갈등 혹은 의견의 불일치가 너무나 커서 종업원이 사임하게 된다면 퇴직면담은 불평을 발견할 수 있는 마지막 기회가 된다. 그러나 퇴직면담은 효과적으로 수행하기가 매우 어렵다. 만일 종업원이 회사에 대한 불만 때문에 회사를 그만둘 경우 그것을 논의하기란 쉬운 일이 아니다. 퇴직면담은 사임의 진정한 이유를 알기 위한 기술을 사용하여야 한다.

일곱째, 민원조사관제도의 도입 → 윤리경영상담제도(Help-Line System)

민원조사관제도는 조직의 최고관리자의 팔로서의 역할이 아니고 귀의 역할을 담당하는 민원조사관으로서 종업원들의 불평불만을 해소시켜주는 기능을 한다. 특히 개인이 불평과 불만을 자유롭게 해결할 수 있도록 불만토론 사무실(complaint office)을 운영하는 것이다. 이 사무실의 요원들은 그러한 불평의 수용 혹은 거부의 권한을 갖게 되는데, 수용의 경우에는 해당 공식적 조직관리자에게 조사와 건의의 권한이 돌아간다. 이러한 직접적인 수단으로 만족할 만한 갈등해결에 실패하면 조직의 최고관리자에게 건의할 수 있다. 일종의 부패방지 헬프라인제도 같은 기능도 담당한다.

노사갈등의 문제와 그 해소방안을 찾아라.

현실적 노사갈등 문제

현실적 노사갈등이란 근로자와 경영자의 상반되는 목적 및 수단, 가치관과 이해의 양립불가능성 등으로 특정지어지며 노사간에 소득의 기대와 주장을 추구하는 데 서로 상충될 때 나타나는 현상이다. 이것은 명시적 갈등에서도 나타나는 것이지만 노사간의 임금기준 혹은 임금인상에 대한 분쟁 등으로 목적수단의 양립불가능성에 의해 나타나기도 한다.

상대방에 대한 일반적 불신감, 처벌에 대한 욕망 및 열등감의 극복 등에 나타나는 묵시적 갈등도 노사갈등의 전형적인 형태이다. 이러한 노사간의 갈등은 근로자측의 파업과 불만이라는 형태로 나타난다. 따라서 노사간의 갈등은 노동쟁의의 근본적 원인이 되고 있으며, 산업평화를 저해하는 요인으로 나타나고 있다. 그리고 노사갈등은 임금인상, 해고반대, 근로시간 단축, 권리분쟁, 근로조건개선 요구 등에서 심화되고 있다.

노사갈등에 의한 노사분규

노사분규는 임금, 근로시간, 후생, 해고, 기타 대우 등 근로조건에 관한 노동관계 당사자간의 주장의 불일치로 인한 쟁의상태라고 할 수 있는데 이것이 바로 노사갈등의 표출이다.

일반적으로 단체교섭의 결렬을 출발점으로 하여 노사간에 결정적인 의견의 대립이 노사갈등의 전형적인 분규행위로 나타나는데, 작업거부, 농성시위 등 실제적 방해행위가 바로 그것이다. 일반적으로 노사갈등이란 노사간의 개인이나 집단이 함께 일하는 데 애로를 겪고 정상적인 활동이 방해되거나 파괴되는 상태라고 할 수 있다.

노사갈등의 요인과 문제

노사갈등의 요인은 ① 임금문제, ② 근로조건개선문제, ③ 부당노동행위문제, ④ 노동조합관련문제 등이 대부분을 차지하고 있다.

우리나라에서 노사갈등이 가장 심화되었던 1987년부터 1990년까지 근로자측에서 요구한 부분을 보면 임금인상이 54.9%를 차지하고 있으며, 가족수당, 근속수당, 위험공해수당 등의 수당부분과 상여금인상 등 특별급여부분도 43.4%를 형성하고 있다.

다음으로 근로조건의 개선요구는 후생시설개선이 45.7%, 인간적대우요구 35.2%, 작업환경개선요구 34.7%로 나타나고 있어, 근로자 대부분이 인간의 기본적 욕구에 기초하고 있는 것으로 나타나고 있다.

여기서 특이한 것은 노사갈등이 인간적 갈등요인으로 개인의 신분 및 인격적인 면과 관련된 것이 문제점으로 지적되고 있다는 점이다. 근로자는 관리직이나 상위층과 비교하여 차별감, 빈곤감 등 자본주의 모순에서 오는 상대적 신분상의 불평등이 심각한 노사분규의 요인으로 등장하고 있다는 점이다. 또한, 사용자의 권위주의 의식에서 오는 근로자에 대한 권리침해나 멸시에서 생긴 누적된 불만이 근로자간의 결집력을 높여 노사분규의 동기가 되었다.

노사갈등의 해소방안

노사간의 직접협상

노사간에 어떤 문제가 존재할 때 가장 손쉬운 방법은 서로 만나 양측이 모두 수용할 수 있는 해결책을 직접 협상하는 것이다. 이러한 협상의 내용에는 이해의 문제나 권리의 문제에 대한 갈등이 포함된다. 대개 노사간의 직접협상은 어떤 분쟁해결과정 중 가장 먼저 풀어가는 단계이다.

중 재

중재(仲裁)란 공정성을 갖는 제3자가 분쟁에 개입하여 구속력 있는 해결안을 도출하는 절차이다. 중재과정은 자발적이거나 혹은 강제적일 수 있다. 자발적 중재란 당사자가 그 이슈를 제3자에게 중재를 위해 법에 의뢰하고 그 결정에 승복하기로 하는 경우를 뜻한다.

중재의 형태는 2가지로 구분된다. ① 협상의 확대방식에서는 중재자가 당사자들이 수용가능한 합리적이고 공정한 결정에 도달하도록 노력하는 것이다. ② 최종제의중재방식에서는 중재자가 더 이상 변경할 수 없는 양측의 최종제의를 선택하는데, 이 경우에는 최적의 가능한 제의를 제시하도록 당사자에게 압력을 가할 수 있다.

중 개

중개(仲介)는 노사갈등의 해결을 위해 어떤 강제력을 갖지 않는 제3자가 개입하는 것을 의미한다. 즉, 중개는 당사자간의 협상을 도와주는 제3자의 지원을 통해 분쟁을 해결하는 설득활동의 한 방법이다.

중개자는 당사자에게 해결책을 부과할 권력은 갖지 않으나 어떤 해결안에 서로 접근하도록 개인적인 압력을 행사할 수는 있다. 중개의 목적은 어떤 결정을 통해 분쟁을 해결하기보다는 당사자간의 적대적인 요소를 해소하고 상상력과 설득력을 발휘하여 양측이 수용할 수 있는 공동기반을 개발하는 것에 있다.

고충처리절차

고충처리절차는 분쟁을 어떤 규칙내에서 처리할 수 있도록 해주어 갈등보다는 경쟁을 통해 다소 질서있는 방식으로 해결하도록 해준다. 고충처리절차는 노동갈등의 강도와 빈도를 감소시켜주는 가장 중요한 단일요인이며, 선진국의 사업관계시스템의 정규적인 제도가 되어 왔다.

법정투쟁

노동법정은 권한에 관한 노동분쟁을 배심하는 특별법정으로서 이는 국가별로 상이한 방식을 취하고 있다. 노동법정의 수립의 근거는 신속한 분쟁해결을 통해 당사자 특히 근로자의 비용과 손해를 최소화하는데 있다.

그러나 노사갈등의 해소방안을 법정투쟁에서 찾는다는 것은 문제가 있다. 산업평화를 위한 노사관계개선은 당사자간의 해결이 가장 좋으며 단체교섭을 통해 노사갈등을 해소하는 방법과 기업체의 의사결정과정을 통해 민주적으로 해소하는 방안이 가장 바람직하다.

노동윤리확립

근로자의 노동윤리는 근로자가 보람과 가치를 실현할 수 있는 기준이나 원리에 대한 자각이다. 바꾸어 말하면 왜 노동을 하는가, 노동은 어떤 의미를 갖는가 등의 노동의 목적이나 의미를 따지고 그것을 충족하기 위한 기준이나 원리를 알아내서 마음속으로 다짐하는 것이라 할 수 있다. 따라서 근로자의 노동윤리는 직업을 통해 일한다는 것이 어떤 의미와 어떤 목적을 갖는가를 찾는 데 있기 때문에 이의 터득은 노사갈등해소의 기본이 된다.

첫째, 노동을 통한 직업은 생활을 유지하기 위한 수입을 얻는 수단인, 곧 생활유지 또는 소득획득수단이 된다는 의미에서 근로자에게 보람을 안겨준다. 이것을 기준으로 할 때 노동의 가치나 보람은 수입의 과소로 판단된다.

둘째, 근로자는 직업을 갖고 노동함으로써 일정한 사회적 가치를 인정받아 가치있는 존재가 된다. 직업의 종류나 직업상의 일정한 지위에 따라 사람들의 인간형성이 달라지는 것을 보더라도 노동이 인격도야의 기반이 될 수 있음을 알 수 있다. 따라서 노동은 신성한 사회적 가치를 지니고 있으며, 이러한 노동윤리는 근로자들이 생산적이고 사회적 공헌에 기여해야 된다는 의미를 담고 있다.

✔ 노사공동체윤리의 조화

사용자의 경영윤리와 근로자의 노동윤리의 입장이 서로 합치되기 어려우므로 건전한 노사관계형성을 위해서는 노사간의 공동체윤리의 조화가 필요하다. 따라서 바람직한 노사관계형성을 위한 공동체윤리는, 첫째 가치관에 있어서 최소한 공통적인 것이 있어야 한다. 둘째, 자기의 이해나 이데올로기만 고집하지 않고 신축성 있는 태도로 양보할 용의를 보여 주어 공통적인 선으로 접근할 수 있는 의식의 실현이 반드시 있어야 한다. 셋째, 정보・교섭・조정・참가 등의 절차에 관한 규칙이나 제도화가 이루어져야 한다. 넷째, 노사간의 욕구가 사회적 공통욕구와 일치하도록 하는 데서 벗어나지 않도록 자기조직과 자기만족을 최소화하도록 해야 한다. 이상과 같은 노사공동체윤리의 조화는 노사간의 의견일치를 보는데 중요한 과제가 된다.

12

FOCUS

노동조합 및 노동관계조정법의 주요쟁점을 설명한다.

- 노동조합의 주요쟁점은 무엇인가?
- 단체교섭 및 협약을 설명한다.
- 부당노동행위의 이런 점을 설명한다.
- 단체협약 분쟁의 해결방안을 찾아라.
- 노동쟁의 쟁점을 설명한다.
- 노동관계조정법의 주요쟁점을 재설명한다.

12
FOCUS

노동조합 및 노동관계조정법의 주요쟁점을 설명한다.

노동조합의 주요쟁점은 무엇인가?

복수노조의 허용문제?

현재, 우리나라는 복수노조를 전면적으로 허용하고 있다.

외국의 사례를 보아도 노동조합의 활동은 각국의 경제·사회적 여건에 따라 다양하게 규제되어 왔으나, 노동조합의 자유로운 설립과 가입은 근로자의 기본적 권리의 하나로 간주하고 있다.

따라서 복수노조 설립 등 결사의 자유를 인정하는 것은 국제적으로 보편화된 기준이며 관행이다.

그러면 복수노조 설립은 어디까지 허용되어야 하는가?

상급노동단체에 해당되는 산업별단체와 총연합단체 및 기업의 범위를 벗어나서 설립되는 업종별, 직종별 노동조합 등은 복수노조 설립이 가능하게 된다.

복수노조 설립이 가능하며, 산업별 연맹의 경우에도 예컨대 기존의 연맹과 조직대상이 겹치더라도 제2의 연맹 등을 설립할 수 있다.

여기에서 한 가지 알아두어야 할 것은 특정기업의 근로자 일부로 구성된 노조가 설립되어 있거나 산업별, 직종별, 지역별 단위노조에 실제 가입하고 있는 경우, 당해 기업의 다른 근로자들은 조직대상이 중복되는 새로운 기업별 단위노조를 설립할 수 없다.

노조전임자의 급여지급 문제 ?

노동조합 및 노동관계조정법 제81조 제4호는 사용자가 노조전임자의 급여를 지원하는 것을 노동조합의 자주성을 침해하는 부당노동행위의 하나로 명시하고 있다.

일본의 사례

노조전임자에게는 임금청구권이 없으며 사용자가 급여를 지원하는 것을 부당노동행위의 일종으로 보아 그 급여는 노조에서 부담해야 한다는 원칙이 관행으로 정착되었다.

■ 미국의 사례

노동조합에 대한 재정적 원조는 사용자의 부당노동행위를 구성하고 있다. 노조가 제공되지 않은 근로에 대해 금전 등을 지급하도록 사용자에게 강요하는 행위는 노조의 부당노동행위로 구성되고 있다.

■ 프랑스의 사례

프랑스는 노동조합의 규모에 따라 법에 정한 기준에 의거 단체교섭, 노사협의 등에 소요되는 일정시간을 근무시간으로 간주하고 있다.

따라서 기존 단체협약에 의해 전임자 급여를 사용자가 지원하고 있는 경우에는 단체협약 개정없이 사용자가 일방적으로 지원을 축소하거나 중단할 수는 없다.

전임자 급여 중단에 따라 재정적 어려움으로 노조활동이 크게 위축될 경우는 어떻게 해야 하는가?

사용자는 전임자 축소로 절약되는 재원을 노조의 재정자립에 사용하도록 하였으며, 노조에서 향후 자주적이며 성숙한 노동조합운동의 정착을 위해 적극적으로 재정자립 방안을 마련해 나간다면 전임자 급여 중단으로 노조활동이 위축되는 일은 없을 것이다. 다만, 중소규모 노동조합에서는 전임자 없이 노조를 운영하는 사례가 많아질 것이다. 따라서 이 경우에도 기본적인 노조활동이 이루어질 수 있도록 종래와 같이 전임자가 아닌 자가 근로시간 중에 사용자와 협의하거나 임·단협을 교섭하는 것을 사용자가 허용하는 것을 부당노동행위에 해당되지 않도록 하였다. 또한 사용자가 근로자의 후생자금 또는 경제적 불행 기타 재해의 방지와 구제 등을 위해 기금을 기부하거나 최소한 규모의 노동조합 사무실을 제공하는 것은 허용된다.

노동조합의 정치활동 문제?

노동조합 및 노동관계조정법 제2조 4호 마목은 "주로 정치운동을 목적으로 하는 경우"를 노조의 결격사유로 본다. 종래에는 노동조합의 정치활동(노동조합의 선거운동, 정치자금의 징수, 노동조합 기금의 정치자금 유용)을 노동조합법에 의해 직접 제한하여 왔다(구법 제12조). 그러나 노동조합은 근로조건의 유지·개선과 근로자의 지위향상이라는 본래의 목적 달성을 위한 보조적 수단으로 다양한 정책적·사회적 활동을 전개할 수 있는 것이다. 다만, 노조의 정치단체화를 방지하기 위해 "주로 정치운동을 목적으로 하는 단체"는 노동조합으로 보지 않도록 하였다.

영국의 사례

영국의 경우는 조합원 과반수의 찬성을 얻어 정치기금을 설치하거나 특정 정당이나 후보자를 지원하는 것은 물론 정치자금 기부를 허용하고 있다.

■ 미국의 사례

미국의 경우는 정치적 목적을 위하여 노동조합으로부터 분리 독립된 기금의 설치 · 운영, 기금모금을 위한 자발적인 현금의 권유는 허용한다.

■ 일본의 사례

일본의 경우는 공직선거에서 특정정당 · 후보자의 지지 결의, 정치자금지원 및 선거운동이 가능하다.

노동조합은 선거기간 중 특정정당 · 후보를 지지 · 반대하거나 이를 권유하는 행위 및 특정후보자의 추대행위를 할 수 없다(공직선거및선거부정방지법 제87조).

노동조합이 "주로 정치운동을 목적으로 하는 경우"란 무엇인가?

노동조합의 목적은 "근로조건의 유지 · 개선, 기타 경제적 · 사회적 지위향상"에 있는 것이므로 노동조합이 본래의 목적에서 벗어나 특정정당 · 특정정치인에 예속되거나 정치집단화 하는 것은 바람직하지 않다.

따라서 노동조합이 정치운동을 주된 목적으로 설립되거나 활동하는 경우에는 비록 근로자를 구성원으로 하는 노동단체라 하더라도 노동관계법상의 노동조합으로 볼 수 없다(법 제2조 제4호 마목).

해고의 효력을 다투는 자의 조합원 자격 문제?

해고자의 조합원 자격 유지기간을 '노동위원회에 부당노동행위 구제신청'을 하여 중앙노동위원회의 재심판정이 있을 때까지로 제한한다(법 제2조 제4호 라목 단서).

노동조합은 근로자가 주체가 되어 자주적으로 조직한 단체로써 근로자가 아닌 자의 가입은 금지되며, 특정기업에서 해고된 자는 원칙적으로 조합원 자격을 상실하는 것이다(법 제2조 제4호 라목 단서). 그러나 사용자의 부당해고에 의해 노조활동이 방해받는 것을 방지하기 위하여 구법에서는 노동위원회에 구제신청을 하거나 또는 법원에 소송을 제기하여 해고의 효력을 다투는 자에 대하여는 그 기간동안 조합원 자격을 인정하여 왔다(구법 제3조 제4호 단서). 이와 같이 해고의 효력을 다투는 자에 대해 조합원 자격 유지를 인정하는 것은 사용자가 노조활동을 방해하기 위하여 해고권을 남용하는 것을 방지하기 위한 것이다. 해고자의 조합원 자격유지기간을 노동위원회에 구제신청하여 중앙노동위원회의 판정이 있을 때까지로 제한하고 있다.

단체교섭 및 협약을 설명한다.

단체교섭의 위임과 체결문제 ?

노조 대표자가 교섭권한과 함께 체결권한까지 가지고 있으며, 노사가 함께 성실히 교섭하여야 함을 명시하고 있다(법 제29조 및 제30조). 노사가 원하는 자에게 법과 규약이 정한 절차에 따라 교섭권을 위임할 수 있는 근거를 마련하였다(법 제29조 제2항, 제3항). 노조 대표자의 교섭권한에는 체결권한이 포함되는 것임에도 불구하고 그간 이러한 체결권한을 부인하는 사례가 적지 않았다.

따라서 노조대표자의 체결권한을 부인하는 것은 허용되지 않음을 명시할 필요가 있었다. 이는 노사대표자가 체결권한을 갖고 책임있게 교섭에 임하고 합의된 내용에 대해서는 바로 단체협약을 체결토록 함으로써 교섭상의 비효율을 제거하기 위한 것이다. 현재의 노조법은 교섭의 합리성과 전문성 제고를 위하여 교섭권 위임근거를 마련하였다.

첫째, 단체교섭권은 누구에게나 위임할 수 있는 것인가?

단체교섭은 조합원의 근로조건을 개선하고 노동조합의 활동과 그 운영에 가장 중요한 권리의무를 결정하는 과정이다. 그러므로 그 기업과 근로자 및 노사관계를 잘 이해하는 자에게 단체교섭권을 위임하는 것이 노사관계의 특성상 바람직하다. 따라서 사회통념상 정상적인 교섭을 기대하기 곤란한 자에게 교섭권을 위임하는 경우 교섭상대방은 교섭권 위임의 본래 취지에 부합되는 자와의 교체를 요구할 수 있다.

둘째, 교섭권은 재위임 할 수 있는 것인가?

노사관계 당사자가 교섭권을 제3자에게 위임하는 것은 수임자를 단체교섭의 적격자로 신임하여 위임하는 것이므로 수임자는 교섭권을 타인에게 위임할 수 없다. 다만, 위임자의 사전 승낙이 있을 경우에는 교섭권을 위임받은 자가 제3자에게 교섭권을 재위임 할 수 있을 것이나 교섭권 재위임의 효력과 관련한 분쟁을 방지하기 위하여 노동조합 또는 사용자가 직접 위임하는 형태를 취하는 것이 바람직하다.

셋째, 교섭권을 위임하는 절차는 어떻게 하는가?

단체교섭은 조합원의 근로조건 기타 노동조합의 활동영역이나 방식에 큰 영향을 미치는 노조활동의 핵심사항이므로, 교섭권의 위임은 조합원 총회 또는 대의원회의 의결을 거쳐야 가능하다. 법에서도 총회의 의결사항으로 '단체협약에 관한 사항'을 명시하고 있다(법 제16조 제1항 제3호). 단체교섭권을 위임하는 경우 그 사실을 상대방에게 통보하여야 한다(법 제29조 제3항).

임금협약의 유효기간과 연장기간은 가능한가?

임금협약은 법상 유효기간을 최장 2년으로 한다(법 제32조).

현행법은 노사가 합의하여 임금교섭을 2년 단위로 하는 경우 2년 차 임금인상률을 물가상승률 · 생산성 증가율 등과 연계시키게 되면 실질임금 감소없이 교섭으로 인한 각종 비용을 줄일 수 있는 장점이 있다. 따라서 임금협약 기간은 2년의 범위내에서 노사가 협의 결정할 수 있게 되었으며, 노사자율의 폭이 확대된 것이다.

첫째, 사용자가 임의로 임금협약 기간을 2년으로 연장할 수 있는가?

임금협약의 유효기간은 사용자가 일방적으로 결정하는 것이 아니라 법상 유효기간 범위 안에서 노사합의로 정하는 것이다. 따라서 노사가 합의하여 임금협약의 유효기간을 1년 또는 2년으로 자율적으로 정할 수 있게 되어 있다.

둘째, 임금협약 기간을 2년으로 연장할 경우 근로자에게 불리한 것은 아닌가?

임금협약의 유효기간을 일반 단체협약과 마찬가지로 2년으로 할 경우 노사 당사자는 물가상승률 · 노동생산성 증가율 · 기업의 경영실적 등을 기초로 하여 교섭하게 되므로 근로자에게 불리한 것은 아니다. 오히려 임금교섭과 단체교섭을 동시에 진행하여 일괄타결함으로써 노사 쌍방이 교섭에 소요되는 비용을 대폭절감할 수 있고 경기가 급격히 변화하는 경우에는 임금소득을 안정적으로 확보할 수 있는 장점도 있다. 일본의 경우에도 최장 유효기간을 3년으로 정하고 있지만 근로자들이 임금인상 및 근로조건의 개선에 불편을 느끼지 않고 있다.

단체협약 유효기간 경과후의 효력연장

노사가 합의하여 '자동연장협정'을 두고 있는 경우 새로운 협약이 체결될 때까지 종전 협약이 계속 효력을 갖도록 명시되었다 (법 제32조 제3항).

첫째, '자동연장협정'이 없는 경우 단체협약 만료시 그 유효기간은 노사간의 단체협약중에 그 효력을 자동 연장시키는 별도의 약정이 없는 경우에는 종래와 같이 유효기간 만료 후 3개월까지 종전 단체협약의 효력이 지속된다(법 제32조 제3항).

둘째, 자동연장협정이 있는 경우 유효기간 경과후 자동 연장되는 기간중에 당사자 일방이 상대방에게 3개월전에 사전 통고하고 종전의 단체협약을 해지할 수 있도록 하였다(법 제32조 제3항 단서). 이는 당사자 일방의 교섭거부・지연으로 다른 당사자가 종전 협약에 지나치게 장기간 구속되는 것을 방지하기 위해서이다.

부당노동행위의 이런 점을 설명한다.

① 사용자가 부당노동행위를 하는 경우 노동조합의 의사와 관계없이 처벌을 하도록 한다(법 제81조, 벌칙 제90조).

② 사용자가 중앙노동위원회의 구제명령에 불복하여 행정소송을 제기한 경우라도 법원이 긴급이행명령을 내릴 수 있도록 하는 제도를 도입하였다(법 제85조 제5항).

부당노동행위 제도란 사용자가 근로자의 노동조합 설립과 가입・활동 등에 관여할 수 없도록 함으로써 근로자의 노동3권을 실질적으로 보장하여 노사가 대등한 지위에서 근로조건을 결정하도록 하고 공정한 노사관계 질서를 형성・유지하기 위한 제도이다(법 제81조~제86조).

첫째, 부당노동행위 구제제도의 실효성을 확보하기 위해 긴급명령제를 도입하였다고 하는데 ?

사용자가 중앙노동위원회의 구제명령에 불복하여 행정소송을 제기하는 경우에는 관할법원에서 확정판결전이라도 구제명령의 전부 또는 일부를 이행하도록 명령할 수 있도록 하였다(법 제85조 제5항). 만약, 사용자가 이러한 명령에 위반한 경우에는 불이행 일수에 비례한 과태료를 부과하여 이행을 강제함으로써 근로자의 권리를 신속히 구제할 수 있도록 하였다(법 제95조).

둘째, 부당노동행위 · 부당해고 구제를 신청하는 경우의 진행 절차는?

사용자가 노동조합의 활동을 방해하거나 이를 이유로 근로자를 해고하고, 단체교섭을 거부하는 부당노동행위를 할 경우 또는 정당한 이유없이 근로자를 해고할 경우에는 피해 근로자나 노동조합은 3개월 이내에 노동위원회에 권리구제를 신청할 수 있다(법 제82조).

노동위원회는 신청을 받으면 공익위원 3명으로 심판위원회를 구성하여 관련 사실을 조사하고 당사자를 심문한 후 부당노동 행위 여부를 판정한다(노동위원회법 제15조 제3항).

노동위원회의 조사 · 심문시에 당사자는 관계서류 등 증거를 제출할 수 있으며 필요한 경우에는 상급노동단체나 공인노무사 등에게 변론을 위임할 수 있다(법 제83조 제3항).

노동위원회가 부당노동행위 · 부당해고라고 판정하여 사용자에게 원상회복을 명령할 경우 사용자는 이에 따라야 한다.

다만, 지방노동위원회의 판정에 이의가 있는 당사자는 10일 이내에 중앙노동위원회에 재심을 신청할 수 있고, 중앙노동위원회의 재심판정에 이의가 있으면 15일 이내에 고등법원에 행정소송을 제기할 수 있다(법 제85조).

사용자가 중앙노동위원회의 부당노동행위 구제명령에 따르지 않으면서 구제명령의 취소를 요구하는 행정소송을 제기한 경우 관할법원은 중앙노동위원회의 신청에 따라 판결이 확정될 때까지라도 우선 구제명령을 이행하도록 긴급이행명령을 내릴 수 있다(법 제85조 제5항).

단체협약 분쟁의 해결방안을 찾아라.

노사가 노동위원회에 해석을 요청할 수 있도록 함으로써 쉽게 이견을 해소할 수 있는 절차를 마련하게 되었다(법 제34조 제1항).

첫째, 노동위원회에 요청은 누가하는가?

단체협약의 해석 또는 이행방법에 관한 노사간의 의견이 불일치하는 경우 노동위원회에 그 해석 또는 이행방법에 관한 견해를 제시해 줄 것을 요청할 수 있는 당사자는 노사 쌍방이다. 다만, 단체협약에 노사 일방이 노동위원회에 그에 관한 해석을 요청할 수 있도록 규정되어 있는 경우에는 동 규정에 의거 노사 일방이 할 수도 있다.

둘째, 노동위원회에서 내린 견해는 어떠한 효력을 갖는가?

노동위원회는 노사가 요청한 사항에 대해 30일 이내에 견해를 제시해야 하며, 제시한 단체협약의 해석 또는 이행방법에 대한 견해는 중재재정과 동일한 효력을 갖게 된다(법 제34조 제3항).

노동쟁의 쟁점을 설명한다.

노동쟁의의 개념에 포함된 해고는 무엇을 의미하는가?

노동쟁의를 "노동조합과 사용자 또는 사용자단체간에 임금·근로시간·복지·해고 기타 대우 등 근로조건의 결정에 관한 주장의 불일치로 인하여 발생한 분쟁상태"라고 정의하고 있다(법 제2조 제5호).

노동쟁의의 정의에 예시된 '해고'는 장차 해고를 해야 할 경우에 그 기준, 순위, 대상자 선정 등과 같은 해고의 일반적인 기준 또는 조건을 결정하는 것을 의미한다.

따라서 개별근로자의 해고가 정당 또는 부당한지의 문제나 해고된 근로자의 복직문제 등은 명백히 노동쟁의의 대상에서 제외된다.

앞으로 권리분쟁에 관한 사항은 어떤 절차로 해결해야 하는가?

일반적으로 근로조건에 관한 노사간의 분쟁은 ① 새로운 근로조건을 형성하거나 변경을 위한 주장(이익분쟁)과 ② 단체협약이나 근로계약상의 기존 근로조건의 해석 또는 이행에 관한 주장(권리분쟁)으로 나눌 수 있다.

즉, 노사 당사자간에 단체협약의 해석 또는 이행방법에 관하여 불일치가 있으면 노동위원회에 해석 또는 이행방법에 관한 견해의 제시를 요청할 수 있으며, 노사 당사자는 그 결과에 따라야 한다.

그리고 해고자 복직문제와 관련해서는 노동위원회나 법원의 구제절차에 따라야 한다. 이 문제를 해결 또는 관철하기 위한 쟁의행위는 할 수 없다.

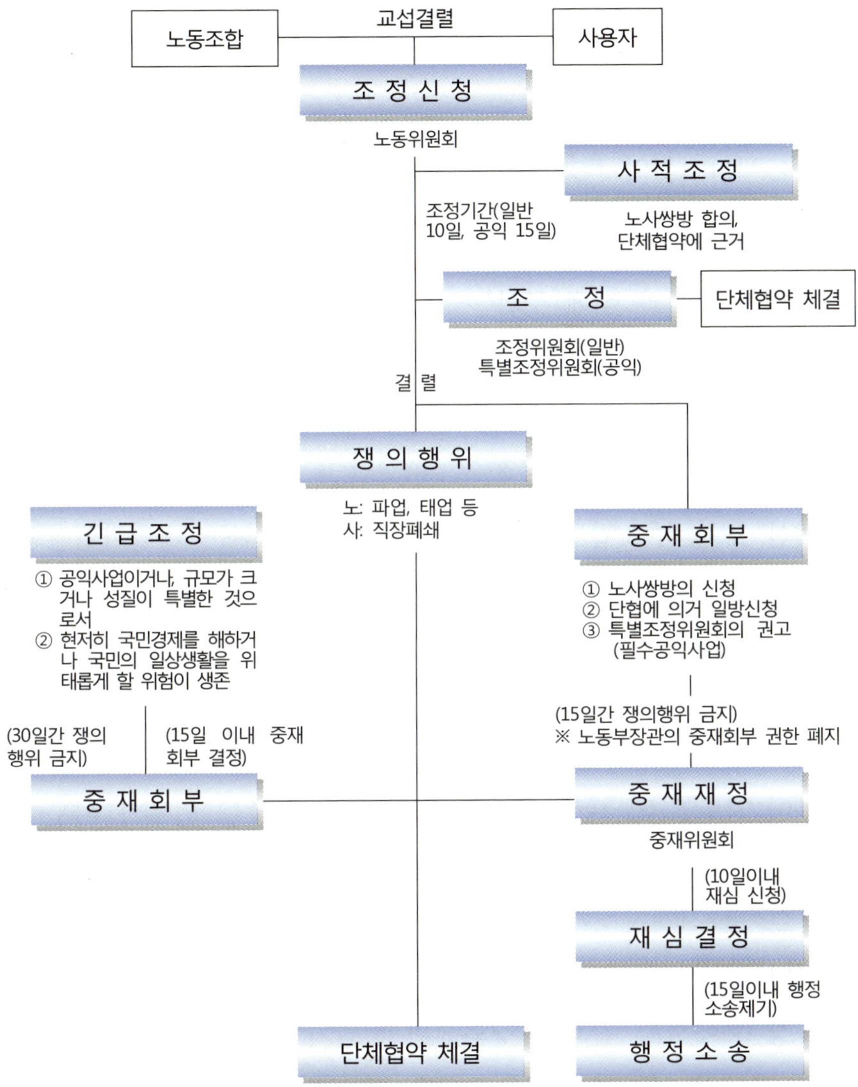

그림 12-1. 새로운진 조정절차

노동관계조정법의 주요쟁점을 재설명한다.

생산시설의 점거 금지

"쟁의행위는 폭력이나 파괴행위 또는 생산 기타 주요업무에 관련되는 시설과 이에 준하는 시설로서 대통령령이 정하는 시설을 점거하는 형태"로 행할 수 없도록 한다(법 제42조 제1항).

첫째, 점거가 금지되는 생산 또는 주요업무 시설은 무엇인가?

생산 또는 주요업무에 관련되는 시설의 범위는 개별사업장의 업무의 종류, 쟁의행위 당시의 생산 또는 업무형태에 따라 달라질 수 있다. 예컨대, 제조업체의 경우 생산시설이나 생산라인 현장, 창고사업의 경우 자재창고 · 제품창고 및 창고입구, 병원의 경우 응급실 · 수술실 · 분만실 · 입원실 등 치료 및 의료업무가 이루어지는 장소, 은행 등 사무업종의 경우 주된 업무가 이루어지는 사무실, 호텔의 경우 객실과 접객 업무가 행해지는 로비 · 프론트 등 접객장소가 이에 해당할 수 있다.

반면 생산 또는 주요업무 시설이나 이에 준하는 시설을 제외한 운동장 등에서의 집회나 쟁의행위 비참가자의 업무를 방해하지 않는 정도의 일시적 체류는 허용될 것이다.

둘째, 생산시설에 준하는 시설로서 점거가 금지되는 시설은 무엇인가?

생산 또는 주요업무 시설에 준하는 시설로서 점거될 경우 업무가 마비되는 등 그 피해가 큰 시설로 대통령령이 정하는 다음의 시설은 점거가 금지된다(시행령 제21조).

① 전기, 전산 또는 통신시설

② 철도(도시철도를 포함한다)의 차량 또는 선로

③ 건조, 수리 또는 정박중인 선박, 다만 선원법에 의한 선원이 당해 선박에 승선하는 경우를 제외함

④ 항공기・항공보안시설 또는 항공기의 이・착륙이나 여객・화물의 운송을 위한 시설

⑤ 화약・폭약 등 폭발위험이 있는 물질 또는 유해화학물질관리법에 의한 유독물 보관・저장 장소

⑥ 기타 점거될 경우 생산 기타 주요업무의 정지 또는 폐지를 가져오거나 공익상 중대한 위해를 초래할 우려가 있는 시설로서 노동부장관이 관계 중앙행정기관의 장과 협의하여 정하는 시설

단체교섭 또는 쟁의행위의 지원자는 누구인가?

노사가 단체교섭 또는 쟁의행위와 관련하여 지원을 받을 수 있는 자의 범위를 열거하여 그로부터 자문이나 지원을 받을 수 있

음을 명시하고 노사가 원하지 않음에도 그 외의 자가 무분별하게 개입하여 단체교섭을 방해하거나 쟁의행위를 조종·선동하는 행위는 금지하였다(법 제40조).

첫째, 노사가 적법하게 지원을 받을 수 있는 자는 누구인가?

노사가 지원받을 수 있는 자는 ① 노사의 상급단체, ② 노사 당사자가 자유의사로 요청한 자로서 노동부장관에게 신고한 자, ③ 법령에 근거한 각종 전문가는 적법하게 노사의 단체교섭 또는 쟁의행위에 대한 지원활동을 할 수 있다.

둘째, 신고는 어떻게 하고, 신고없이 지원하면 어떻게 되는가?

노동조합이나 사용자가 단체교섭 또는 쟁의행위와 관련하여 지원을 받고자 할 때에는 하는 날의 3일전까지 지원받고자 하는 자의 인적사항, 지원받고자 하는 사항, 지원의 방법 등을 기재한 서류를 노동부장관에게 제출하면 된다(시행령 제19조).

그러나 위 신고를 하지 않고 노사간의 단체교섭이나 쟁의행위에 간여하거나 이를 조종·선동한 자는 3년 이하의 징역 또는 3천만원 이하의 벌금에 처해진다.

셋째, 지원활동의 범위는 어디까지 허용되는가?

단체교섭 또는 쟁의행위의 주체는 원칙적으로 당해 노사 당사자이며 외부의 지원자는 단체교섭 또는 쟁의행위와 관련하여 당사자의 자주적 의사결정을 침해하지 않는 범위내에서 지원하는데 그쳐야 할 것이다.

예를 들면, 단체교섭에 대한 기법, 그 내용이나 적법한 쟁의행위의 수행에 관한 법률자문 · 상담 · 조언 또는 교육실시, 자료제공 등의 조력행위를 들 수 있다.

※ 단체교섭에 직접 참가하기 위해서는 법 제29조에 의거하여 교섭권을 위임받아야 하며 지원신고로서 교섭에의 직접 참가는 안된다.

이런 조력행위는 법률 규정상 지원자수 · 지원장소 등의 제한이 없어 사업장내에서도 이루어질 수 있으나 법에 의거 지원신고를 했다 하더라도 신고된 자의 지원행위, 방법 등에 '법률상 면책효과'가 발생하거나 '정당성'이 부여되는 것이 아니므로 지원행위의 구체적인 양태에 따라 관계법령과 관련하여 각각 그 정당성이 판단되어야 할 것이다.

무노동무임금 원칙

무노동무임금 원칙의 정착을 도모하고자 쟁의행위기간에 대해 사용자에게 임금지급의무가 없다.

또한 노동조합이 이를 요구, 관철할 목적으로 쟁의행위를 하는 것을 금지하고 위반시 벌칙을 부과할 수 있도록 하였다(법 제44조 및 제90조).

첫째, 노사가 자율적으로 해결할 사항을 굳이 법률에 명문화하는 사유는?

그간 계속된 정부의 무노동무임금 원칙의 정착 노력과 법원의 명확한 판시에도 불구하고 일부 사업장에서는 파업기간 중 임금이 변칙적으로 지급되는 잘못된 관행이 계속되고 있다. 즉, 노조측이 쟁의행위기간 중의 임금지급을 요구하거나 교섭타결의 전제조건으로 제시함으로써 분규가 장기화되고 사용자도 근본적인 개선노력 없이 임시방편적 해결을 위하여 일시금, 수당 등의 형태로 파업기간 중의 임금을 보전해 주어왔다.

이와 같이 노사간의 자율적인 노력만으로는 관행개선이 어렵다고 보아 노사의 준수의무를 규정하게 된 것이다(법 제44조).

둘째, 노조측이 "파업기간 중 임금지급"을 요구하게 되면 어떻게 되는가?

법을 위배하면 사용자의 임금지급 의무가 없다고 명시한 이유로 한 노조의 쟁의행위를 금지하면서 벌칙규정도 두고 있다.

따라서 사용자는 노조의 "파업기간 중 임금지급" 요구가 있더라도 파업참가 근로자에 대하여 파업기간에 상응하는 임금을 지급할 필요가 없으며 이를 주된 내용으로 하여 교섭을 요구하면 이를 거부할 수 있다.

만일, 노조측이 파업기간중 임금지급을 목적으로 파업 등 쟁의행위를 할 경우에는 동법 위반으로 2년 이하의 징역 또는 2천만 원 이하의 벌금형이 부과된다(법 제96조). 또한, 쟁의행위의 정당성이 상실되어 이로 인한 민・형사상의 책임 등이 면제되지 못하는 불이익도 수반된다.

파업기간 중 대체근로

쟁의행위기간 중 '당해 사업내' 근로자의 대체를 허용토록 그 범위를 명확히 하되, 쟁의행위로 중단된 업무의 수행을 위한 신규 도급 또는 하도급은 금지된다(법 제43조).

첫째, 근로자대체제도는 과연 파업권을 무력화시키는 제도인가?

노동조합에게 쟁의행위를 통해 사용자에게 압력을 가할 수 있는 단체행동권이 보장되듯이, 사용자에게는 조업을 지속할 수 있는 자유가 있는 것이다.

따라서 일본, 미국, 독일 등 많은 국가에서는 쟁의행위기간 중에 파업에 참가하지 않은 당해 기업의 근로자는 물론 외부근로자도 일시적으로 채용 또는 대체하여 조업을 계속할 수 있도록 하고 있다.

반면, 우리의 경우에는 '쟁의와 관계없는 자'의 채용 또는 대체를 금지하여 '95. 4월 이전까지 "당해 사업장내 근로자 중에서도 유사한 업무종사자의 대체"만 허용하다가, 이후 "당해 사업장내 근로자의 대체가 가능"토록 해석을 변경하였다.

이는 사업장내의 부분파업만으로도 공장 전체의 조업중단이 초래되고, 일부 사업장의 파업으로 연관기업(모기업, 협력기업 등) 전체의 조업중단이 발생하기 때문이었다. 대체의 범위를 '당해 사업내' 근로자로 한정하여 허용하고, 파업 등으로 중단된 업무의 신규 하도급은 금지하게 된 것이다(법 제43조).

둘째, 노조의 쟁의행위시 사용자의 대체근로는 어디까지 허용되는지?

사용자는 노동조합의 쟁의행위로 중단된 업무의 수행을 위하여 당해 사업장의 ① 비조합원과 ② 파업불참 조합원 중 근로 희망자 또는 ③ 당해 사업내 본사 및 수개의 사업장이 있는 경우에는 본사 및 다른 사업장 근로자를 대상으로 한 대체근로를 할 수 있다.

따라서 ① 외부근로자(상용, 일용 포함)의 신규 채용·대체행위와 ② 파업으로 인하여 중단된 업무의 계속 수행을 위해 새로운 도급계약 또는 하도급계약을 체결하는 것은 금지되며 위반시에는 1년 이하의 징역 또는 1천만원 이하의 벌금이 부과된다(법 제91조).

사례연구

하청업체의 파업으로 인한 중단된 업무를 원청회사가 직접 수행하거나, 다른 하청업체를 선정하여 업무를 계속할 경우 대체금지 위반인가?

▶ 노동조합및노동관계조정법 제43조에서 정한 "쟁의기간 중 채용·대체금지"는 쟁의행위의 당사자인 사용자에게 부과되는 의무로서 원청회사는 쟁의행위의 당사자인 사용자의 지위에 있지 아니하므로 용역업체가 수행하던 중단된 업무를 직접 또는 다른 하청업체를 선정하여 수행토록 할 수 있다.

공익사업의 범위 및 직권중재 대상

공익사업과 필수공익사업을 구분하여 필수공익사업만 중재 대상으로 한정한다(법 제71조).

공익사업의 조정은 특별조정위원회에서 하도록 한다(법 제72조).

표 12-1 공익사업 범위의 조정

구 법	제 정 법	
	공 익 사 업	필 수 공 익 사 업
· 공중운수사업	· 종기노선 여객 운수사업	· 철도(도시철도 포함), 시내 버스(특별시, 광역시) 운송 사업
· 수도 · 전기 · 가스 및 정유 사업	· 수도 · 전기 · 가스 · 석유 정제 및 석유공급사업	· 수도 · 전기 · 가스 · 석유 정제 및 석유공급사업
· 공중위생 및 의료사업	· 공중위생 및 의료사업	· 병원, 은행 통신사업
· 은행사업	· 은행 및 조폐사업	※시내버스운송사업 및 한국은행을 제외한 은행사업은 2000년말까지 적용
· 방송 · 통신사업	· 방송 · 통신사업	

첫째, 공익사업의 조정은 어떻게 달라졌는가?

공익사업은 일반사업에 비해 ① 조정기간이 길고(15일) ② 노동위원회내 특별조정위원회의 조정과정을 거치는 절차상의 차이만 있고, 중재회부 등 단체행동권 행사의 제한은 없다.

즉, 종전에는 모든 공익사업에 대하여 행정관청의 요구 또는 노동위원회의 직권에 의한 중재가 가능하였으나 법에서는 중재대상을 ① 필수공익사업으로 열거된 사업중에서 ② 파업시 공중의 일상생활을 현저히 위태롭게 하거나 국민경제를 현저히 저해하고 그 업무의 대체가 용이하지 않은 사업으로 축소하였다.

중재회부 절차도 당해 필수공익사업의 조정을 담당한 특별조정위원회의 권고에 의하여 노동위원회가 결정토록 하였다(행정관청의 중재요구 권한 삭제).

둘째, 특별조정위원회의 구성방법은?

일반조정위원회가 노·사·공익위원 3인으로 구성되는 것과는 달리 특별조정위원회는 그 노동위원회의 공익위원 중에서 노·사가 순차적으로 배제하고 남은 3~5인중에서 노동위원회위원장이 지명한 3인으로 구성하게 된다(관계 당사자의 합의로 외부의 인사도 추천 가능).

셋째, 필수공익사업이 아닌 공익사업의 파업시에는 어떻게 하는가?

필수공익사업을 포함한 공익사업의 쟁의행위로 인하여 현저히 국민경제를 해치거나 국민의 일상생활을 위태롭게 할 위험이 현존하는 때에는 노동부장관의 긴급조정 결정으로 중앙노동위원회의 조정 또는 중재를 통한 해결장치를 별도로 마련하고 있다(법 제5절).

※ 긴급조정시 30일간(종전 20일간) 쟁의행위가 금지되며, 중앙노동위원회의 직권에 의한 중재가 가능하다.

주요 방위산업체의 쟁의행위 제한

주요 방위산업체의 쟁의행위 금지대상을 “전력, 용수 및 주로 방산물자를 생산하는 업무에 종사하는 자(대통령령으로 정함)”로 한정한다(법 제41조 제2항).

첫째, 쟁의행위가 금지되는 근로자의 범위는 어디까지인가?

주요 방위산업체로 지정된 사업체의 경우에도 실제로는 주요 방산물자 외에도 민수물자 등을 생산할 수 있다.

따라서 쟁의행위 금지대상은 ① 주로 방산물자를 생산하는 업무에 종사하는 자와 ② 방산물자 생산에 직접 연관되는 전력, 용수업무에 종사하는 자로 한정한다.

이에 따라 민수물자 생산에 종사하는 자 및 방산물자 생산과 직접 관련없는 시험, 관리업무 등 간접지원부서 종사근로자는 쟁의행위에 참여할 수 있게 되었다.

둘째, “주로 방산물자를 생산하는 업무에 종사하는 자”의 구체적 범위는?

법에서는 “주로 방산물자를 생산하는 업무에 종사하는 자”의 범위를 대통령령으로 위임하고 있는 바 “방산물자의 완성에 필요한 제조, 가공, 조립, 정비, 재생, 개량, 성능검사, 열처리, 도장, 가스취급 등의 업무에 종사하는 자"가 이에 해당한다(시행령 제20조).

사례연구

주요 방산업체로서 방산물자를 특정시기에 일부부서만이 생산하는 경우의 쟁의행위 금지범위는 어떠한가?

▶ 방산물자의 생산이 항시 이루어지지 아니하고 특정시기에 일부부서의 일부공정만이 방산물자를 생산하는 경우 전력·용수의 업무와 노동조합 및 노동관계조정법 시행령 제20조에 정한 제조·가공·조립·정비·재생·개량·성능검사·열처리·도장·가스취급 등 방산물자의 완성에 필요한 특정시기에 실제 생산이 이루어지고 있는 해당부서의 당해 공정에 종사하는 근로자의 쟁의행위가 금지된다.

13

FOCUS

근로기준법의 주요쟁점을 설명한다.

- 탄력적 근로시간제(변형근로시간제)란?
- 선택적 근로시간제란?
- 특수한 업종에 있어서의 연장근로의 특례
- 고용조정제도(정리해고제)란?
- 퇴직금 중간정산제

13

FOCUS

근로기준법의 주요쟁점을 설명한다.

탄력적 근로시간제(변형근로시간제)란 ?

노사가 일정한 요건하에 2주 또는 1월 이내의 기간을 단위기간으로 하여 근로시간을 다양한 형태로 변경하여 운영할 수 있도록 한 것을 탄력적 근로시간제라고 한다.

• 2주단위 : 취업규칙에 의해 단위기간 평균 1주 44시간의 범위내에서 특정주 48시간을 한도로 도입(1일 근로시간의 한도는 없음)(법 제50조 제1항).

※ 법이 허용하는 주별 최고한도 : 1주는 48시간, 다른 1주는 40시간 형태

• 1월단위 : 노사가 서면 합의에 의해 단위기간 평균 1주 44시간의 범위내에서 특정주 56시간, 특정일 12시간을 한도로 도입(법 제50조 제2항)한다.

※ 법이 허용하는 주별 최고한도 : 2주는 56시간, 다른 2주는 32시간 형태

단, 15세 이상 18세 미만 근로자와 임신중인 여자근로자는 적용을 배제(법 제50조 제3항)한다. 사용자는 기존의 임금 수준이 저하되지 않도록 임금보전 방안을 강구(법 제50조 제4항)하고 서면 합의내용을 고용노동부장관에게 신고(법 제50조 제5항)하여야 한다.

• OECD국가를 비롯한 대부분의 국가에서 일정한 요건 하에 근로시간의 탄력적 운영을 허용하고 있다.

미국의 경우 26주 단위 또는 52주를 단위기간으로 하여 1,040시간 또는 2,080시간의 범위내에서 각각 허용되고 있다(단 특정일 12시간, 특정주 56시간 한도).

일본의 경우 1주, 1월, 1년 단위 등 다양한 형태의 변형근로시간제를 허용하고 있다.

독일의 경우 6개월 또는 24주동안 일일평균 8시간을 초과하지 않는 범위내에서 1일 10시간까지 근로가 허용되어 있다.

탄력적 근로시간제를 실시하려면 그때마다 근로자의 동의를 받아야 하는가?

탄력적 근로시간제의 유효기간을 어떻게 할 것이냐는 전적으로 노사가 협의하여 결정할 사항이다(예 : 1년간 또는 2년간 등). 따라서 2주 단위의 경우 취업규칙 또는 노사협의를 통해 별도의 유효기간을 정하지 않는 한 그 기간에 제한없이 실시할 수 있다. 다만, 1월단위의 경우 서면합의의 유효기간도 반드시 노사가 서면합의 사항에 포함하도록 하고 있으므로(시행령 제23조 제1항), 서면합의의 유효기간이 만료된 이후에도 동제도를 계속하여 실시하려면 다시 노사간에 서면합의를 하여야 한다.

1월 단위 탄력적 근로시간제의 도입시 근로자 과반수로 조직된 노동조합이 없는 경우 노사협의회의 근로자 위원이 서면합의의 근로자 대표가 될 수 있는가?

"근로자참여및협력증진에관한법률" 제6조 제2항 및 동법시행령 제3조 제1항에 의하면 근로자 과반수로 조직된 노동조합만이 노사협의회 근로자 위원의 위촉권을 가지며, 노동조합이 없는 경우 근로자의 직접 · 비밀 · 무기명 투표로 근로자 위원을 선출하여야 한다. 따라서 근로자 과반수로 조직된 노동조합이 없는 경우의 근로자 위원은 탄력적 근로시간제의 도입시 근로자 과반수를 대표하는 자가 될 수 있다.

선택적 근로시간제란?

노사합의로 일정한 기간(1월 이내)동안 근로하여야 할 총근로시간만 정하고 각 근로일에 있어서의 근로시간과 그 시업 및 종업시각은 근로자 스스로 자유롭게 선택할 수 있도록 한 선택적 근로시간제를 새로 도입한다(법 제51조).

선택적 근로시간제는 무엇인가?

1월 이내에 정산기간동안의 총근로시간만 정하고 각일, 각주의 근로시간과의 각일 시업 및 종업시각을 근로자의 자유에 맡기는 제도이다. 따라서 근로자는 1주 44시간, 1일 8시간의 근로시간 제한없이 자신의 선택에 따라 자유롭게 근무에 종사할 수 있다. 다만, 반드시 근로하여야 할 시간대(core time)나 근로자가 선택할 수 있는 시간대를 정한 경우에는 이에 따라야 한다.

선택적 근로시간제와 자유 출·퇴근제는 어떻게 다른가?

선택적 근로시간제는 근로일, 근로일별 근로시간의 배분과 시업 및 종업시각을 근로자의 자유에 맡기는 제도이다. 즉, 1일의 근로시간과 1주의 근로시간에 대한 제한없이 근로가 가능하다. 반면, 자유출·퇴근제는 출근시간이 일단 설정되면 그날의 근로시간에 따라 퇴근시간이 자동적으로 결정되므로 시업시간만 근로자의 재량에 맡기는 것이다. 설사 퇴근시간도 근로자의 자유에 맡기더라도 근로시간의 선택폭이 지나치게 좁아 선택적 근로시간제와는 상당한 차이가 있다. 또한 자유출·퇴근제는 1일 8시간, 1주 44시간의 근로시간이 적용되므로 이 시간을 초과하는 경우는 반드시 연장근로수당을 지급하여야 한다.

특수한 업종에 있어서의 연장근로의 특례

근로자 과반수를 대표하는 노동조합 또는 근로자 대표와 서면합의하면 1주 12시간을 초과하여 연장근로하게 하거나 휴게시간의 변경을 가능토록 한다(법 제58조).

운수업, 물품판매 및 보관업, 금융보험업, 영화제작 및 흥행업, 통신업, 교육연구 및 조사사업, 광고업, 의료 및 위생사업, 접객

업, 소각 및 청소업, 이용업, 사회복지사업 등은 연장근로에 대한 특례규정을 탄력적 근로시간제, 선택적 근로시간제 등의 도입여부와 관계없이 적용할 수 있다.

고용조정제도(정리해고제)란?

근로기준법 제31조에 의하면 사용자는 ① 긴박한 경영상의 필요, ② 해고를 피하기 위한 노력, ③ 합리적이고 공정한 해고의 기준과 이에 따른 대상자 선정, ④ 근로자 과반수를 대표하는 노동조합 또는 근로자 대표와의 성실한 협의 등의 요건이 충족된 경우 해고를 할 수 있도록 경영상 이유에 의한 고용조정제도를 명시하였다.

최근 급속한 산업구조변화와 기술혁신 등에 따라 진행되는 고용조정과정에서 경영상의 이유에 의한 해고문제가 노사간 분쟁요인이 되어 왔으나, 그동안 법적기준 없이 노동위원회나 법원의 판단에만 의존함으로써 노사갈등이 발생하고 근로자의 과도한 소송비용의 부담을 초래해 왔다. 이에 따라 산업구조의 조정을 지원하는 동시에 근로자 보호를 위해서는 "경영상 이유에 의한 해고"를 입법적으로 명백히 할 필요가 있다는 지적이 있어 왔다.

"경영상 이유에 의한 고용조정제도"는 해고의 예측가능성을 높여 해고회피를 위한 노사의 사전 노력을 제고시킴으로써 부당한 해고를 예방하는 등 법적용의 투명성 제고를 통해 근로자 보호를 강화하면서 산업구조의 조정을 원활히 할 목적으로 법제화된 것이다. 그러나 경영상 이유에 의한 고용조정제도는 해고에 관한 새로운 제도를 창설한 것은 아니며 그간 판례에서 인정되어온 해고의 정당성의 요건과 절차를 명시적으로 규정한 것에 불과하다.

OECD국가를 비롯한 대부분의 국가에서 법제화되었거나 판례에 의해 경영상 이유에 의한 해고가 허용되고 있다.

미국의 경우 단체협약에 의해 노조와의 협의하에 해고(lay off)가 가능하다.

일본의 경우 판례에 의해 부득이한 사업형편, 해고회피노력, 객관적이고 합리적인 선정기준, 근로자 대표와의 성실한 협의의 요건을 충족하면 가능하다.

독일의 경우 해고제한법에 의해 당해 사업장에 근로자를 계속 고용할 수 없는 긴박한 경영상의 필요가 있고 해고회피 노력을 하였으며, 공정한 선정기준에 따라 대상자를 선정하고 근로자 대표자와의 성실한 협의를 거쳤으면 해고를 할 수 있다.

프랑스의 경우 노동법전에 의해 진실하고 중대한 이유가 있으면 해고가 가능하다.

기업의 양도 · 양수 · 합병의 경우에도 고용조정이 가능한가?

1996. 12. 31. 개정법에서 긴박한 경영상의 사유로 예시되었던 사업의 양도 · 합병 · 인수, 계속되는 경영의 악화, 생산성 향상을 위한 구조조정과 기술혁신 또는 업종의 전환 등은 현행 법에서 모두 삭제되고 "긴박한 경영상의 필요"로만 간결화됨에 따라 이러한 경우에 고용조정을 할 수 있는지에 대한 의문이 있을 수 있다.

그러나 원칙적으로 기업의 양도 · 양수 · 합병은 물론 계속되는 경영의 악화 등 예시되었던 다른 이유에 의해서도 고용조정은 가능한 것이다. 다만 경영상 이유에 의한 고용조정의 정당성 여부는 개별사안이 고용조정의 요건을 모두 갖추었느냐의 여부에 따라 결정되는 것이다.

퇴직금 중간정산제

근로자가 요청하는 경우에는 퇴직하기 전에라도 기왕의 근속기간에 대해 발생한 퇴직금을 정산해 줄 수 있도록 한 퇴직금 중간정산제를 도입하였다(법 제34조 제3항).

그간 퇴직금은 퇴직시에 일시금만 지급하도록 규정됨에 따라 기업은 누적적으로 증가하는 퇴직금으로 인한 부담이 크며, 근로자는 생활안정자금 필요시 활용하기 어렵고 노후생계안정에도 미흡한 실정이었다. 따라서 이를 보완하고자 퇴직금 중간정산제와 퇴직연금보험제를 새로이 도입하여 근로자의 요구와 기업의 실정에 따라 퇴직금제도를 탄력적으로 운영하게 한다. 퇴직금 중간정산제는 근로자가 퇴직하기 전이라도 그간의 근속기간에 해당하는 퇴직금을 지급받을 수 있는 제도로서 근로자의 요구가 있는 경우에 시행이 가능하며 근로자의 요구에 사용자가 반드시 응해야 할 의무가 있는 것은 아니다.

퇴직금 중간정산 이후 퇴직금 산정을 위한 계속근로년수는 정산시점부터 새로이 기산되나 당해근로자의 근로년수와 관련있는 여타의 근로조건(승진, 승급, 호봉, 상여, 연차유급휴가 등)에는 변동이 없다. 또한, 퇴직금 중간정산 이후 계속근로년수가 1년 미만인 경우에도 그 근로자는 전체 근로년수가 1년 이상이므로 그 기간에 대해서도 1년간의 퇴직금에 비례하여 퇴직금을 지급하여야 한다.

14

FOCUS

근로조건의 보장 및 차별시정을 찾아라.

- 장시간 근로에 대한 개선책을 찾았다.
- 최저임금 보장 및 체불근로자 권리구제를 강화하라.
- 취약근로자 근로조건을 보호하라.
- 특수형태 업무 종사자를 보호하라.
- 기간근로자 등의 근로여건을 강화하라.
- 고용에서의 차별관행을 개선하라.

14

FOCUS

근로조건의 보장 및 차별시정을 찾아라.

장시간 근로에 대한 개선책을 찾아라.

장시간 근로 OECD 국가 평균보다 장시간이다.

우리나라는 그간 산업구조의 변화와 근로시간이 국제기준에 부합해야 한다는 요구 등에 따라 법정시간을 주 48시간에서 1989년에 주 44시간으로 단축하였으며, 2004년부터 기업규모에 따라 단계적으로 주 40시간제를 도입하였다.

이러한 과정을 거쳐 2011년 7월부터 5인 이상~20인 미만 사업장까지 주 40시간제를 적용함으로써 5인 미만 사업장에 근로시간 적용이 배제되는 것을 감안하면 제도적으로 법정근로시간 단축은 사실상 마무리되었다고 할 수 있다.

그러나 법정 근로시간의 단축에도 불구하고 현장에서는 연장근로와 휴일근로로 대응함으로써 임금근로자의 실 근로시간은 2010년 기준으로 OECD 국가평균인 1,692시간과 비교하여 한국은 2,111시간으로 연간 419시간, 즉 2.5개월 이상을 더 일하고 있다.

장시간 근로는 근로자, 기업, 국가 전체의 건전한 발전을 저해한다.

첫째, 장시간 근로는 근로자의 건강을 심각하게 위협한다. 즉, 장시간 근로는 일과 가정 양립 등 건강한 가족 형성을 저해하고, 나아가 밥상머리 교육도 어렵게 하여 학교폭력 등 사회문제로 연결된다.

둘째, 장시간 근로는 산업재해 증가, 능력개발 기회의 축소, 낮은 노동생산성 등으로 연결되어 기업경쟁력 악화를 초래한다.

셋째, 장시간 근로의 체제는 조기퇴직을 유발하고, 여성, 청년, 고령자 등과 일자리를 함께하는 기반을 저해한다.

따라서 장시간 근로 개선 종합대책을 마련해야 한다.

장시간 근로에 대한 개선은 안 되는가?

장시간 근로 개선은 단기간에 끝낼 수 있는 문제가 아니라는 점에서 무엇보다 산업현장의 근로문화와 관행의 개선, 노사 및 국민들의 공감대와 인식 개선 등이 수반되어야 성공할 수 있는 과제이다.

따라서 ① 근로시간 관련제도 개선, ② 장시간 근로사업장에 대한 지도 점검, ③ 장시간 근로 개선 중소기업 지원, ④ 사회적 인식제고 및 국민적 공감대 등을 개선해야 한다.

최저임금 보장 및 체불근로자 권리구제를 강화하라.

매년 고용노동부장관은 최저임금위원회에서 심의하고 의결한 최저임금액안을 존중하여, 고시하고 노사공의 합의하에 결정하도록 해야한다. 그러기 위하여

첫째, 최저임금 준수를 위한 노력을 강화해야 한다.

최저임금법 위반에 대한 지도와 점검을 계속하고, 최저임금 준수 및 홍보, 캠페인 등을 전개해야 한다. 그리고 최저임금 제도 개선을 추진해야 한다.

최저임금법 개정을 통해 수습근로자에 대한 최저임금 감액제도의 편법적 활용을 방지해야 하며, 특히 아파트 경비원에 대한 단속적 근로자에 대한 고용안정과 처우개선에 노력해야 한다.

둘째, 체불임금 청산활동을 강화해야 한다.

체불행정제도 혁신 및 정착지도를 강화한다.

인력부족에 따른 근로감독관의 업무가중으로 체불근로자에 대한 서비스의 질 저하가 우려됨에 따라 체불근로자 보호를 위한 지원시스템 보강이 추진되어야 한다.

셋째, 임금채권보장제도가 정직하게 운영되어야 한다.

기업의 도산으로 인하여 퇴직한 근로자가 임금 등을 지급받지 못할 경우 정부가 사업주를 대신하여 일정 범위의 미지급 임금(최종 3개월의 임금, 휴업수당, 최종 3년간의 퇴직금) 등을 지급 보장해주는 임금채권보장제도가 정직하게 운영되어야 한다.

취약근로자 근로조건을 보호하라.

첫째, 취약근로자 대상별 지도, 점검을 지속해야 한다. 그러기 위해서는 사업장근로감독 종합시행계획을 수립하여 추진해야 한다.

둘째, 기간제근로자 다수고용 사업장을 대상으로 근로기준법 등 노동관계법령 위반 여부에 대한 근로감독을 실시한다.

법령별로는 (1) 근로기준법, (2) 근로자참여 및 협력증진에 관한 법률, (3) 최저임금법, (4) 남녀고용 평등과 일·가정양립지원에 관한 법률, (5) 기간제법 등 위반이다.

셋째, 근로자 파견사업의의 적정한 운영과 파견근로자의 권리를 보호하기 위하여 파견 사용업체 및 무허가파견 의심 사업장지도 점검 및 사법처리 경고 및 행정처분을 강화해야 한다. 또한 사내하도급의 경우 기업이 탄력적인 인력활용을 위하여 불가피하게 사용하는 측면이 있으나, 사내하도급 근로자의 고용불안이나 근로조건 격차의 문제가 있으므로 사내하도급이 무차별하게 확산되거나 불법파견으로 운영되는 것은 바람직하지 못하기 때문에 지속적으로 점검을 실시해야 한다.

넷째, 연소근로자를 보호해야 한다.

18세 미만의 연소근로자는 성인근로자에 비해 정신적·신체적으로 연약하여 특별한 보호가 필요함으로 근로기준법 제5장에 특별히 보호하도록 규정해 놓았다.

그러나 연소자를 고용하고 있는 사업체의 대부분이 영세한 서비스업종으로 법 규정준수에 대한 인식이 부족한 경우가 많고, 연소자 또한 법 내용을 제대로 모르는 경우가 많아 부당하게 노동권을 침해받는 사례가 빈번하게 발생하고 있는 실정이다.

따라서 정부는 연소자 고용사업장에 대한 지도, 점검, 청소년의 정신교육 등 사업주들의 법 준수를 확립하는 한편, 청소년들이 노동관계법을 인지하도록 하여 권리를 보장받을 수 있도록 노력해야 한다.

특수형태 업무 종사자를 보호하라.

산업화사회를 지나면서 서비스업의 발달, 고용형태의 다양화 등으로 자영업자와 근로자의 중간적인 위치에서 노무를 제공하는 특수형태의 업무종사자가 확산되는 것이 세계적 형태이다. 우리나라도 21세기 접어들면서 구조조정 등으로 조기 퇴직자들이 점차 증가하고 있다. 예를 들면, 학습지 교사, 보험설계사, 레미콘트럭기사, 골프장 캐디, 택배기사 및 퀵서비스 기사 등 특수형태 업무종사자는 근로자로 인정받지 못하여 노동관계법 및 사회보험의 보호를 받지 못하고 있다. 더욱이 외환위기 이후 경제적, 사회적으로 경쟁이 격화되어 종사자들의 근무여건이 악화되고 있어 이들에 대한 보호방안 마련이 필요한 상황이다.

이상과 같은 특수형태 업무 종사자를 보호하는 종합적 제도적 장치가 마련되어야 한다.

기간근로자 등의 근로여건을 강화하라.

→저소득 비정규직 근로자에 대한 복지확충을 해야 한다.

2007년 7월 "기간제 및 단시간근로자 보호 등에 관한 법률"(이하 기간제법) 및 "파견근로자보호 등에 관한 법률"(이하 파견법) 시행 이후 기간제 근로자 등에 대한 차별시행제도를 운영하고, "차별없는 일터 지원단"을 설치하여 노사의 차별 개선 의식을 제고하는 등 비정규직 근로자의 근로여건 개선을 위한 다양한 정책을 추진하였다. 차별시행제도에 따라 근로자가 기간제, 단시간, 파견근로자라는 이유로 불합리하게 차별받았다고 신청하는 경우 노동위원회는 차별여부를 판단하여 차별이 있는 경우 시정하고 있으나 차별시정 신청 건수가 많지 않은 등 이유로 근로자들이 체감하는 차별개선정도가 크지 않은 것으로 나타났다.

비정규직 종합대책 추진 일환으로 개정법률 주요내용을 살펴보자.

기간제법

· 근로감독관에게 차별시정 지도, 감독권 부여.
· 차별시정 신청기간을 3 → 6월로 확대.

✔ 파견법

· 불법파견 적발 시 사용기간에 관계없이 즉시 직접고용.
· 근로감독관에게 차별시정, 지도, 감독권부여.

✔ 최저임금법

· 1년 미만 기간근로자에게 최저임금의 10%감액 적용이 가능 수습기간 설정 금지.
· 도급책임 연대 위반에 제재근거 신설(2년 이하의 징역, 1천만원 이하의 벌금)

✔ 근로기준법

· 수차례의 도급으로 이루어진 사업에서 하도급 근로자에 대한 체불임금 연대책임을 모든 상위 수급자로 확대.

✔ 보험료징수법, 국민연금법

· 영세사업장의 사업주 및 저임금 근로자의 고용보험, 국민연금 보험료 지원 근거 마련.

✔ 조세특례제한법

· 고용창출 투자세액 공제제도의 공제한도 확대(1% → 5~6%)

차별개선 가이드라인을 제정하였다.

다음과 같은 복리후생적 금품 및 상여금 등에 있어서 고용형태를 이유로 불합리하게 차별하는 일이 없도록 한다.

- 근무복과 명절선물 등 복리후생적 현물급여
- 식대, 경조사비 및 건강검진비 등 복리후생적 금품
- 상여금(성과 연동적 상여금 제외)
- 구내식당, 통근버스, 보육시설, 주차장 등 편의시설
- 명절휴가 등 법정휴가 이외의 휴가.

취약계층에 대한 사회안전망을 확충하라.

취약계층에 대한 사회안전망을 확충하기 위해 지원사업을 추진한다.

"사회보험 사각지대 해소사업" 시행을 위한 세부계획을 마련하였다.

(1) 대상보험 : 고용보험, 국민연금
(2) 지원대상 : 10인 미만 사업장, 월 125만원 미만의 보수를 받는 근로자.

(3) 지원수준 : - 월 보수 105만원 미만 근로자: 사업주, 근로자 부담 보험료의 1/2 지원
- 105만원~125만원 근로자: 사업주, 근로자 부담 보험료의 1/3 지원

장시간 근무로 사고위험이 높아 민간보험 가입조차 어려웠던 퀵 서비스기사와 택배기사의 사회안전망을 강화하기 위해 산재보상보험법 시행령을 개정하여 이들도 산재보험의 적용을 받을 수 있도록 하였다(2012년 5월 1일부터 시행).

고용에서의 차별관행을 개선하라.

고용상 성차별 관행을 개선하라.

첫째, 성차별 예방 및 지도, 점검사업을 실시해야 한다.

둘째, 성희롱 예방교육 및 지도, 점검을 실시한다.

직장 내 성희롱은 피해근로자에게 심각한 정신적, 심리적 후유증을 남길 뿐만 아니라 기업과 가해자에게도 많은 손실을 가져오게 된다.

성희롱 피해는 사후적으로 원상회복에는 한계가 있어 사전예방이 중요하므로 근로자가 직장 내 성희롱이 없는 밝고, 건강한 환경에서 일할 수 있도록 남녀고용평등과 일・가정양립지원에 관한 법률에 직장 내 성희롱 예방 의무를 부여하고 지속적으로 교육, 홍보하여 왔다.

그 결과 직장 내 성희롱에 대한 사회적 관심이나 이해가 높아진 것은 사실이나 아직도 일부 사업장에서 여전히 직장 내 성희롱이 발생하여 사회적 물의를 일으키고 있다.

연령차별 개선을 위한 노력을 하라.

연령차별 금지 법제화로 고용차별 금지를 강화하였다. 특히 연령차별에 대한 제도적 실효성을 강화하였으며, 연령차별 개선을 위한 그간의 활동 및 추진계획도 꾸준히 실시되고 있다. 특히, 연령차별 판단사례를 지속적으로 업데이트하여 지방관서에서 활용토록 하고, 현장의 적응성 강화와 지도감독을 효율화해야 하며, 분기별로 모니터링을 실시하여 고용상 연령차별을 적발, 시정해야 한다.

● 저자약력 ●

(현) 경희대학교 경영대학 명예교수
(사) 한국기업경영종합연구원 원장
경희대학교 경영대학 교수 역임
국가청렴위원회 기업투명성 자문위원 역임
전국사립대학교 교수협의회 상임회장 역임
한국노사관계학회 부회장 역임
한국인사관리학회 회장 역임
한국윤리경영학회 회장 역임
한국생산성학회 회장 역임
한국경영사학회 회장 역임
경기도 노동위원회 공익위원 역임
경희대학교 교수협의회 회장 역임
경희대학교 기업경영연구소장 역임
경희대학교 경영대학원 노사관리학과 주임교수 역임
경희대학교 국제경영대학 인사·노사담당교수
고려대학교 노연간사 및 전임강사
미국 보스톤 벨리츠 수료
미국 하버드대학교 수학
성균관대학교 경상대학 및 대학원 졸업

● 주요저서 ●

경영학 (주·객) 교문사, 1977.
Reading in Management and Economics. 대학교재, 1977.
생산성 인사관리론, KSRI, 1979.
최고경영자의 경영정책과 경영전략, 명륜당, 1986.
신노사관계론(1판-4판), 법경사, 1993-1998.
국제화·세계화시대의 신경영정책과 전략, 법경사, 1994.
한국경제의 발전, 학문사, 1994(중국 권광남부총리 번역, 심양과학원 출간)
신인사관리론, 법경사, 1997.
지식경영사회의 노사관계론, 삼영사, 2000.
성공한 창업자의 기업가정신, 삼영사, 2001.

21세기 경영학원론, 삼영사, 2007.
산업평화적 신노사관계론, 탑북스, 2010.
혁신적 인적자원관리, 탑북스, 2010.
21세기 글로벌리더십개발, 탑북스, 2010.
21세기 청렴형 윤리경영론의 콘서트, 탑북스, 2011.
글로벌 전략경영-이론과사례-, 탑북스, 2012. 등
주요저서 40여권, 주요논문 150여 편.

협력적 노사관계의 길

2013년 8월 5일 1판 1쇄 인쇄
2013년 8월 10일 1판 1쇄 발행

저 자 김 성 수
발행인 김 광 식
조 판 아 람 기 획

121-856
발행처 서울특별시 마포구 토정로 222 B동 208호

도서출판 탑 북 스
등 록 2009.12.21 제2013-000101 호
전 화 02)365-2223 팩스 02)365-2224

정가 20,000 원

ISBN 978-89-97519-65-1-93320